essentials

Essentials liefern aktuelles Wissen in konzentrierter Form. Die Essenz dessen, worauf es als „State-of-the-Art" in der gegenwärtigen Fachdiskussion oder in der Praxis ankommt. Essentials informieren schnell, unkompliziert und verständlich.

- als Einführung in ein aktuelles Thema aus Ihrem Fachgebiet
- als Einstieg in ein für Sie noch unbekanntes Themenfeld
- als Einblick, um zum Thema mitreden zu können.

Die Bücher in elektronischer und gedruckter Form bringen das Expertenwissen von Springer-Fachautoren kompakt zur Darstellung. Sie sind besonders für die Nutzung als eBook auf Tablet-PCs, eBook-Readern und Smartphones geeignet.

Essentials: Wissensbausteine aus den Wirtschafts, Sozial- und Geisteswissenschaften, aus Technik und Naturwissenschaften sowie aus Medizin, Psychologie und Gesundheitsberufen. Von renommierten Autoren aller Springer-Verlagsmarken.

Gerhard Heß

Reifegradmanagement im Einkauf

Mit dem 15M-Reifegradmodell zur Exzellenz im Supply Management

Prof. Dr. Gerhard Heß
TH Nürnberg Georg Simon Ohm
Nürnberg
Deutschland

ISSN 2197-6708 ISSN 2197-6716 (electronic)
essentials
ISBN 978-3-658-09648-9 ISBN 978-3-658-09649-6 (eBook)
DOI 10.1007/978-3-658-09649-6

Die Deutsche Nationalbibliothek verzeichnet diese Publikation in der Deutschen Nationalbibliografie; detaillierte bibliografische Daten sind im Internet über http://dnb.d-nb.de abrufbar.

Springer Gabler

Gedruckt auf säurefreiem und chlorfrei gebleichtem Papier

Springer Fachmedien Wiesbaden ist Teil der Fachverlagsgruppe Springer Science+Business Media (www.springer.com)

Was Sie in diesem Essential finden können

- ein praxiserprobtes Konzept zur nachhaltigen Entwicklung des strategischen Einkaufs
- ein Reifegradmodell zur Strukturierung und Bewertung des strategischen Einkaufs und zur Identifikation von Verbesserungsideen
- ein Reifegradmodell, das mit einem praxiserprobten Managementkonzept zur Strategieentwicklung im Einkauf (15M-Architektur der Supply-Strategie) integriert ist
- Entwicklung eines Reifegradscores zur Quantifizierung der Reife des Einkaufs sowie zur Definition von Reifegradstufen für den strategischen Einkauf
- eine Benchmarkmethode zum Vergleich von Einkaufsabteilungen

Vorwort

Den Einkauf strategisch auszurichten ist für viele Unternehmen eine große Herausforderung: Die strategische Ausrichtung des Einkaufs ist eine sehr komplexe Aufgabe. Angesichts dieser Komplexität ist die Mitarbeiterkapazität häufig zu gering. Zudem sind die Mitarbeiter oft gute Einkäufer, aber meist keine Strategen. Gleichzeitig ist der Erwartungsdruck aus dem Management aufgrund des allgemein bekannten hohen Wertbeitrags des Einkaufs immens.

Aus dieser Erfahrung heraus wurde bereits in den Jahren 2006 bis 2008 in Zusammenarbeit mit mehreren Praxispartnern die 15M-Architektur der Supply-Strategie entwickelt (vgl. Heß 2010 und 1. Aufl. 2008 sowie www.beschaffungsstrategie.de). Dieses Konzept stellt mittlerweile ein in vielen Anwendungssituationen bewährtes Konzept zur Formulierung von Strategien für den Einkauf und zur nachhaltigen Entwicklung des strategischen Einkaufs dar. Die Aufgaben des strategischen Einkaufs werden in vier Strategiebausteine, wie Rahmenstrategie, Marktstrategie (= Materialgruppenstrategie), Lieferantenstrategien und Performance Management, sowie in 15 Module strukturiert. Die Gesamtarchitektur ist so aufgebaut, dass Unternehmen schrittweise ihren strategischen Einkauf aufbauen und professionalisieren können. Weder die Managementkapazität noch die Lernfähigkeit der Organisation würden es erlauben, in einem Schritt von einem mittelmäßigen strategischen Einkauf zu einem Champion voranzuschreiten.

Mit der Reifegradsystematik wird der evolutionäre Entwicklungsprozess hin zu einem exzellenten Einkaufsmanagement gesteuert. Insofern wurde – passend zum Strategiemodell der 15M-Architektur der Supply-Strategie – das 15M-Reifegradmodell aufgebaut. Im Gegensatz zu den meisten Reifegradmodellen ist das 15M-Reifegradmodell also voll in einem bewährten Einkaufsmanagementsystem integriert, so dass sich identifizierte Verbesserungsmaßnahmen immer auf das Gesamtkonzept des strategischen Einkaufs beziehen.

Das 15M-Reifegradmodell wurde im Jahr 2013 entwickelt und anschließend mit mehreren Praxispartnern, z.B. Atotech (Deutschland/Feucht), Bühler (Braunschweig), EOS Electro Optical Systems, Hilti Aktiengesellschaft, LRE Medical, n-ergie, Schreiner Group, Sto SE & Co. KGaA, erprobt. Einzelne Firmen sind mittlerweile nach einem Jahr in der zweiten Bewertungsrunde. Darüber hinaus wurde in einem zweijährigen Forschungsprojekt (Bergmann, Heß 2014) das 15M-Reifegradmodell in einem e-Tool umgesetzt, um so Informationen zum Umsetzungsstand des strategischen Einkaufs in der Unternehmenspraxis zu ermitteln. Im Rahmen dieser Veröffentlichung wurden die Erfahrungen dieser vorausgehenden Projekte gebündelt und das 15M-Reifegradmodell wurde zur Version 2.0 fortentwickelt.

Mit dem neuen 15M-Reifegradmodell Version 2.0 soll die Formulierung und Umsetzung von Einkaufsstrategien wirkungsvoll unterstützt werden. Zur weiteren Fortentwicklung des Konzeptes freut sich der Autor über Feedback und Anregungen.

Nürnberg, im Februar 2015 Gerhard Heß

Inhaltsverzeichnis

Der Reifegrad des strategischen Einkaufs

1

1.1 Reifegrad der Einkaufspraxis heute

Wie bedeutsam ist der Einkauf Ihres Unternehmens für den Unternehmenserfolg? Sorgt er für eine überlegene Kostenposition? Sichert er in kritischen Allokationsphasen die Versorgung und garantiert eine schnelle Reaktion auf ungeplante Veränderungen im Absatzmarkt? Falls der Einkauf einen wesentlichen Beitrag zum Unternehmenserfolg leistet, sollte er professionell gesteuert werden.

Die Einkaufspraxis ist heute allerdings differenziert zu beurteilen. Mit unserer Studie zum Reifegrad des strategischen Einkaufs in mittelständischen Unternehmen können einige Schwachpunkte beispielhaft angesprochen werden (Bergmann, Heß 2014).

Bereits die Selbsteinschätzung von Unternehmen zum Reifegrad des Einkaufs insgesamt, zeigt erhebliche Defizite: Nur acht von 38 Firmen (21 %) beurteilen ihren strategischen Einkauf als sehr gut. 16 Unternehmen (42 %) geben sich selbst eine mittlere und weitere 14 Firmen (37 %) eine schlechte Wertung. Insgesamt ergibt sich ein mittlerer Reifegradscore von gerade einmal 50,1 %. Das entspricht einer Schulnote 3.

Bei Betrachtung der mittleren Reifegradscores in den einzelnen Bewertungsbereichen fällt eine nur geringe Schwankung um den Mittelwert auf:

Einkauf wird in dieser Veröffentlichung weit im Sinne eines Supply Managements verstanden (vgl. Kap. 3.1).

G. Heß, *Reifegradmanagement im Einkauf*, essentials,
DOI 10.1007/978-3-658-09649-6_1

Wertbeitrag und Performance Management	51 %
Rahmenstrategie des Einkaufs	49 %
Marktstrategien	43 %
Lieferantenstrategien	53 %
Prozessstrategien	49 %
Einkaufsmanagement	57 %

Die zugrunde liegenden Einzelbewertungen schwanken allerdings stark: Die jeweils vier bis sechs Einzelwertungen je Bewertungsbereich weisen große Schwankungen um den Mittelwert auf. Beispielsweise werden im Bereich Lieferanten der Reifegrad der Lieferantenbewertung mit 67 % und der Reifegrad in Bezug konsequenter strategischer Maßnahmen gerade einmal mit 44 % eingestuft. Bei den einzelnen Firmen schwanken die Ergebnisse der Bewertungsbereiche sehr. Dabei sind allerdings kaum Muster zu erkennen. So kompensieren sich die Schwankungen und führen zur relativ gleichmäßigen Verteilungen der Reifegrad-scores in den Bewertungsbereichen.

Aus der Studie lassen sich typische Schwachpunkte im strategischen Einkauf erkennen:

- Es mangelt häufig an der Durchgängigkeit im Management von der Unternehmensstrategie bis in die Markt- und Lieferantenstrategien.
- Entsprechend werden Wertbeitragsziele und Werttreiber nur selten auf Materialgruppen und Lieferanten herunter gebrochen und systematisch gesteuert.
- Analyseaufgaben sind meist besser umgesetzt als Strategien. Dies weist auf eklatante Umsetzungsschwächen hin.
- Die Steuerung des Finanzierungsbeitrags ist mit 38 % der schlechteste Wert. „Geld spielt im Einkauf offenkundig keine entscheidende Rolle."
- Die nachhaltige Entwicklung des Einkaufsmanagementsystems selbst ist mit durchschnittlich 42 % weit unterdurchschnittlich bewertet. 74 % der Teilnehmer verfügen über keine systematische und dokumentierte Entwicklungsplanung.
- Trotz gravierender Risiken ist das Risikomanagement nur sehr rudimentär ausgeprägt.

Grundsätzlich ist zu erkennen, dass eine systematische und professionell gesteuerte Entwicklung des strategischen Einkaufs eher die Ausnahme ist. Mit dem im Folgenden dargestellten Reifegradkonzept wird ein in der Praxis bewährtes Konzept zur nachhaltigen Professionalisierung des strategischen Einkaufs vorgestellt.

1.2 Grundidee des Reifegradmanagements

Ein exzellentes Einkaufsmanagement – so die Ausgangsthese – schafft oder sichert einen überdurchschnittlichen Wertbeitrag des Einkaufs zum Unternehmenserfolg. Das grundlegende Ziel des Reifegradmanagements im strategischen Einkauf ist es, die Reife des Einkaufsmanagements schrittweise in Richtung Exzellenz zu entwickeln. Anhand der drei folgenden Eigenschaften des Reifegradmanagements wird dessen Grundverständnis konkretisiert:

1. Vor-vorsteuernd

Zur Entwicklung des Wertbeitrags im Einkauf werden drei Steuerungsebenen unterschieden:

Operativer Einkauf Im operativen Einkauf wird der Wertbeitrag des Einkaufs realisiert (oder auch nicht). Die Steuerung erfolgt direkt oder über sogenannte operative Werttreiber. Beispielsweise kann zur Entwicklung der Kostenposition direkt die Materialkostenveränderung gemessen werden. Entwickelt sich die Kennzahl nicht wie erwünscht, kann mit Lieferanten intensiver verhandelt werden. Die Verhandlungsquote wäre ein Beispiel eines operativen Werttreibers.

Strategischer Einkauf Die Ausgangssituation kann im operativen Einkauf so schlecht sein, dass selbst hervorragende Einkäufer nicht erfolgreich sein können. Im Beispiel: Monopolistische Lieferanten oder Sourcing in falschen Regionen können jeden kurzfristigen Einkaufserfolg verhindern. Im strategischen Einkauf sollen die Voraussetzungen für zukünftigen Einkaufserfolg geschaffen werden. So kann beispielsweise eine Second Source entwickelt oder neue Beschaffungsregionen erschlossen werden. Dies kann einige Zeit beanspruchen und muss somit vorausschauend erfolgen. Der strategische Einkauf ist somit „vorsteuernd".

Einkaufsmanagement Die Dynamik und die Komplexität der Märkte erfordern schnelles und flexibles Reagieren. Nur ein hervorragendes Einkaufsmanagement gewährleistet, dass auch zukünftig rechtzeitig hervorragende Strategien entwickelt und umgesetzt werden. Im Beispiel: Es bedarf eines exzellenten Materialgruppenmanagements rechtzeitig Monopolisierungstendenzen in einer Materialgruppe zu erkennen und frühzeitig Gegenstrategien einzuleiten. In diesem Sinne ist das Einkaufsmanagement „vor-vorsteuernd".

Die Idee der Vor-Vorsteuerung ist im Qualitätsmanagement schon lange etabliert. Es genügt nicht Qualität im Wareneingang zu überprüfen. Es genügt auch nicht, dass der Lieferant gute Prüfverfahren nachweisen kann. Vielmehr wird vom Lieferanten verlangt, dass er über ein funktionsfähiges Qualitätsmanagementsystem verfügt, das auch zukünftig die Qualität seiner Prozesse zuverlässig sicherstellt. Qualitätsmanagementnormen, wie z. B. die Normen ISO 9001 oder TS 16949, stellen ein Konzept bereit, die Leistungsfähigkeit eines Qualitätsmanagementsystems zu analysieren und zu optimieren. Mit Reifegradmodellen (z. B. ISO 9004 oder das EFQM-Modell) kann der Entwicklungsprozess im Qualitätsmanagement gesteuert werden. In analoger Weise soll das Einkaufsmanagement stets – also auch langfristig – den Einkaufserfolg sicherstellen.

2. Ganzheitlich-integriert

Das Reifegradmanagement muss das gesamte Einkaufsmanagement (ganzheitlich) betrachten und mit dem Einkaufsmanagement abgestimmt und integriert sein. Diese Aussage wirkt zwar trivial, ist jedoch so gut wie in keinem Reifegradmodell des strategischen Einkaufs bisher umgesetzt. Üblich ist, dass Reifegradmodelle Aufgabenfelder des Einkaufs analysieren. Ein Bezug zur Architektur des Einkaufsmanagements besteht allerdings nicht. Verbesserungsideen bleiben damit stets isolierte Einzelmaßnahmen.

3. Evolutionär

Die Entwicklung des strategischen Einkaufs ist – analog zur Reifung eines Menschen – nicht in einem Schritt möglich. Vielmehr muss sie schrittweise bzw. evolutionär über Jahre – vielleicht sogar dauerhaft – vorangetrieben werden. Zum einen fehlt in der Regel sowohl Kapazität und/oder Kompetenz für eine sofortige Perfektionierung des Einkaufsmanagements. Zum anderen können die in einer solchen Change-Situation erforderlichen Lernprozesse nicht beliebig abgekürzt werden.

In der Konsequenz bedeutet dies, dass die Entwicklung des Reifegrads im Einkaufsmanagement selbst gesteuert werden muss:

- Hierzu ist eine systematische Diagnose zum aktuellen Entwicklungsstand (= Reife) des strategischen Einkaufs erforderlich.
- Es müssen die Verbesserungspotenziale identifiziert und innerhalb der Rahmenstrategie priorisiert und gesteuert werden.
- Ferner muss mit dem Reifegradscore der Fortschritt bei der Entwicklung des strategischen Einkaufs gemessen werden.

1.3 Zielsetzung und Aufbau

Mit der 15M-Architektur der Supply-Strategie wurde bereits im Jahr 2008 eine Architektur zum Aufbau des Einkaufsmanagements vorgestellt. Die strategische Ausrichtung des Einkaufs in Bezug auf die Unternehmens- und Wettbewerbsstrategie, die Formulierung von Marktstrategien für bedeutsame Materialgruppen, Lieferantenmanagement mit Lieferantenstrategien oder ein umfassendes Performance Management sind wesentliche Bausteine der 15M-Architektur. Die 15M-Architektur wurde in der Unternehmenspraxis entwickelt und hat sich mittlerweile in vielfältigen Anwendungssituationen bewährt, z. B. bei direkten und indirekten Materialien, in Industrie, Dienstleistung, Finanzbranche und Handel, bei mittelständischen Unternehmen mit nur wenigen Einkäufern bis hin zum Großunternehmen mit einem Einkaufsvolumen von mehreren Milliarden Euro.

In der 15M-Architektur sind der schrittweise Aufbau und die nachhaltige Entwicklung des Einkaufsmanagementsystems fest verankert (Modul 15). Allerdings ist hierzu in der 15M-Architektur noch keine Methode ausgearbeitet, sondern nur die Empfehlung ausgesprochen, diesen Aspekt im Auge zu behalten und innerhalb der Rahmenstrategie zu berücksichtigen.

Ziel dieser Veröffentlichung ist es, mit dem 15M-Reifegradmodell ein Reifegradmodell für den strategischen Einkauf vorzustellen. Das 15M-Reifegradmodell ist in die 15M-Architektur der Supply-Strategie integriert und dient der systematischen Entwicklung des Einkaufsmanagements. Angemerkt sei, dass das 15M-Reifegradmodell auch ohne Bezug auf die 15M-Architektur problemlos anwendbar ist. Im Einzelnen strebt das 15M-Reifegradmodell folgende Zielsetzungen an (vgl. Sommerhoff 2013, S. 31, Deutsches Institut für Normung 2009, S. 56 ff., Pöppelbuß, Röglinger 2011):

- **Verständnis der Reife des Einkaufsmanagements:**
  Mit dem Reifegradmodell wird präzisiert, was unter Reife des Einkaufs zu verstehen ist. Hierzu muss zum einen das Fachkonzept mit der Strukturierung der Aufgabenfelder im strategischen Einkauf entwickelt werden. Zum anderen muss konkretisiert werden, was die Reife in den einzelnen Aufgabenfeldern bestimmt. Insgesamt wird damit der Maßstab für die Entwicklung des Einkaufsmanagements transparent.
- **Ganzheitliche Analyse der Reife des strategischen Einkaufs:**
  Im Reifegradmodell werden alle wesentlichen Aufgabenstellungen des strategischen Einkaufs strukturiert, so dass die Analyse ein umfassendes Bild der Reife des Einkaufs ergibt. Dabei wird vom Wertbeitrag des Einkaufs zum Unternehmenserfolg ausgegangen, so dass die Beurteilung des Einkaufs aus Markt- und Unternehmenssicht erfolgt.

- **Identifikation und Umsetzung von Verbesserungspotenzialen im Einkaufsmanagement:**
  Innerhalb der Reifegradanalyse wird der Fortschritt im Management der einzelnen Aufgabenfelder im Einkauf beurteilt. Damit werden Schwachpunkte und Ideen zu deren Beseitigung unmittelbar transparent.
- **Transparenz der Entwicklung des Einkaufsmanagements:**
  Über die Reifegradanalyse kann ein Reifegradscore ermittelt werden, der die Reife des Einkaufsmanagementsystems quantifiziert. Mit einer regelmäßigen – beispielsweise jährlichen – Wiederholung der Reifegradbeurteilung können Fortschritte bei der Entwicklung des Einkaufsmanagements aufgezeigt und damit explizit gesteuert werden.
- **Gemeinsames Vorgehen im Führungskreis:**
  Die Reifegradbeurteilung fördert die Kommunikation im Führungskreis und unterstützt so ein gemeinsames Verständnis zum Entwicklungsstand und den Handlungspotenzialen zur Entwicklung des Einkaufsmanagementsystems. Darüber hinaus bietet das Reifegradmodell zusammen mit der 15M-Architektur eine klare Begrifflichkeit und fördert so die abteilungs- bzw. bereichsübergreifende Kommunikation im Unternehmen.
- **Ermöglicht Benchmark im Unternehmen bzw. mit anderen Unternehmen:**
  Die einheitliche Struktur und Bewertungssystematik im Reifegradmodell stellt die Basis für einen Benchmarkvergleich zwischen Einkaufsabteilungen im Unternehmen bzw. verschiedener Unternehmen bereit. Auch damit können Verbesserungspotenziale identifiziert werden. Es besteht die Möglichkeit einen gesunden Wettbewerb zwischen Einkaufsabteilungen zu initiieren.

Zielgruppen Die Ausführungen richten sich primär an Praktiker, die Ihren strategischen Einkauf systematisch entwickeln möchten. Zentrale Zielgruppe sind Führungspersonen im Einkauf und deren Vorgesetzte, die für den Wertbeitrag des Einkaufs bzw. für die Entwicklung des Einkaufsmanagementsystems Verantwortung tragen. Ferner werden Mitarbeiter angesprochen, die das Einkaufscontrolling oder Prozesse und Systeme im Einkauf fortentwickeln (helfen). Darüber hinaus werden alle Personen von der Lektüre profitieren, die sich für die systematische Entwicklung von Managementsystemen, insbesondere im Einkauf, interessieren. Das 15M-Reifegradmodell ist branchenunabhängig und richtet sich gleichermaßen an Industrie, Dienstleistung und Handel. Anwendbar sind die Vorschläge insbesondere in mittleren und großen Unternehmen.

Als sekundäre Zielgruppe werden Studierende mit Studienschwerpunkt Einkauf und/oder Logistik angesprochen. Auch bei dieser Zielgruppe ist eine praxisorientierte Abhandlung zur systematischen und nachhaltigen Entwicklung des Einkaufsmanagementsystems im Fokus.

Aufbau der Abhandlung Im folgenden Kapitel 2 wird die Konzeption des Reifegradmanagements und des dazugehörigen Reifegradmodells vorgestellt. Entsprechend dieser Struktur wird das 15M-Reifegradmodell in den Folgekapiteln entwickelt. Zunächst wird das Fachkonzept zur Strukturierung des strategischen Einkaufs präsentiert (Kap. 3). Danach wird das Konzept der Reife (Kap. 4) und der Reifebewertung (Kap. 5) beschrieben. Anschließend wird das Reifegradmanagement knapp skizziert (Kap. 6) und wesentliche Ergebnisse zusammengefasst (Kap. 7).

2 Konzeption des Reifegradmanagements im Einkauf

Reife kennzeichnet einen fortgeschrittenen Entwicklungsstand im Rahmen einer erwünschten Entwicklung.[1] Denkt man an die Reife von Käse und Wein leuchtet diese Definition unmittelbar ein. Wenn die Reifung von Käse und Wein fortgeschritten ist und zu mehr Genuss führt, wird man von Reife sprechen. Etwas komplexer ist das Verständnis des Abiturs als Reifeprüfung, mit der die Reife von jungen Erwachsenen testiert wird. Analog soll mit dem Reifegradmodell im strategischen Einkauf beurteilt werden, wie weit die Reifung im strategischen Einkaufsmanagement fortgeschritten ist und welche weiteren Entwicklungsschritte empfehlenswert sind.

Im folgenden Kapitel soll die Konzeption des 15M-Reifegradmanagements überblicksartig vorgestellt und die Fragestellungen strukturiert werden, die zum Aufbau und zur Implementierung eines Reifegradmanagements geklärt werden müssen. Zunächst wird die Struktur des Reifegradmodells entwickelt (Kap. 2.1). Anschließend wird das Reifegradmanagement mit seinen Verknüpfungen zum Einkaufsmanagement konzipiert (Kap. 2.2). Abschließend werden ausgewählte Reifegradmodelle präsentiert, die für die Entwicklung des 15M-Reifegradmanagements wesentliche Impulse liefern können (Kap. 2.3).

[1] Neumann definiert Reife folgendermaßen: „Die Reife steht für die Erreichung eines bestimmten Zustandes bzw. Grades innerhalb einer Entwicklung oder einer Perfektionierung." (Neumann 2007, S. 151 f.)

G. Heß, *Reifegradmanagement im Einkauf,* essentials,
DOI 10.1007/978-3-658-09649-6_2

2.1 Aufbau eines Reifegradmodells für den strategischen Einkauf

Zur Entwicklung eines Reifegradmodells für den strategischen Einkauf muss 1) der Gegenstand der Reifung (= strategischer Einkauf) im Fachkonzept abgegrenzt und systematisch strukturiert werden. Ferner müssen 2) das Konzept der Reife sowie 3) das Bewertungskonzept präzisiert werden. Darüber hinaus soll geklärt werden, wie 4) die Wertbeitragswirkung im Konzept berücksichtigt werden soll.

1. Konzept des strategischen Einkaufs
Als erstes Strukturmerkmal muss das Fachkonzept zum strategischen Einkauf – also der Gegenstand des Reifegradmodells – formuliert werden. Mit der Präzisierung des Fachkonzeptes werden folgende Ziele verfolgt:

1. Es muss der Gegenstand der Reifegradentwicklung klar abgegrenzt werden. Es ist zu definieren, was als strategischer Einkauf verstanden werden soll. Gehören beispielsweise Value-Sourcing-Aktivitäten oder die Optimierung der Lieferperformance von Lieferanten zum Aufgabengebiet des strategischen Einkaufs?
2. Der strategische Einkauf ist facettenreich und komplex und umfasst vielfältige Aufgaben, z. B. Lieferantenmanagement, Materialgruppenmanagement, Einkaufscontrolling. Mit dem Fachkonzept sind die verschiedenen Aufgabenfelder zu strukturieren und voneinander abzugrenzen. Die Begrifflichkeiten sind zu präzisieren, so dass eine differenzierte Reifegradbeurteilung der verschiedenen Aufgaben möglich wird.
3. Das Fachkonzept stellt ein Referenzmodell bereit, an dem die aktuelle Situation gespiegelt wird. Abweichungen geben Hinweise auf Schwachstellen und auf Verbesserungspotenziale. Je präziser das Fachkonzept ausgearbeitet ist, desto konkretere Handlungsempfehlungen ergeben sich aus der Reifegradanalyse. Das Fachkonzept wird somit zum Herzstück der Reifegradanalyse. Dem unten vorgestellten 15M-Reifegradmodell liegt die 15M-Architektur der Supply-Strategie als ausgearbeitetes und bewährtes Fachkonzept zugrunde (Heß 2010).

An diesen Ausführungen wird deutlich, dass im Reifegradmodell ein normativer Kern enthalten ist. Was macht beispielsweise die Reife eines jungen Erwachsenen aus? Ist es erforderlich Goethe und Schiller im Detail gelesen und verstanden zu haben? Oder wird die Trinkfestigkeit als ein Kriterium definiert? Genauso enthält die Beurteilung eines Managementsystems normative Vorentscheidungen, die transparent gemacht werden müssen. Das Fachkonzept zur Reifegradbeurteilung des strategischen Einkaufs wird in Kap. 3 beschrieben. Das vorgestellte Fachkonzept umfasst fünf Bewertungsbereiche und 36 Bewertungsfunktionen.

2. Konzept der Reife
Zur Entwicklung eines Reifegradmodells muss als zweites Strukturmerkmal das Konzept der Reife ausgearbeitet werden. Was kennzeichnet einen reifen strategischen Einkauf? Grundsätzlich beschreibt die Reife im Einkauf ein Bündel von Managementkompetenzen, so dass die Frage präzisiert werden kann: Welche Managementkompetenzen werden als Ausdruck eines reifen Einkaufs gesehen? Anhand welcher Dimensionen lässt sich daraufhin die Reife des strategischen Einkaufs beurteilen?

Auch die Konzeptualisierung der Reife enthält einen normativen Kern, den es nicht zu beseitigen, sondern transparent zu machen gilt. Insofern werden die dem 15M-Reifegradmodell zugrunde liegenden Managementprinzipien Ausgangspunkt für die Entwicklung des Konzeptes der Reife sein.

Aus diesen Managementprinzipien werden Bewertungsdimensionen abgeleitet, mit denen die Reife des strategischen Einkaufs beurteilt werden können. Hierbei gilt es gleichermaßen die Reife der fachlichen Methoden wie auch die Reife der Managementprozesse zu beurteilen. Darüber hinaus wird als dritte Hauptdimension der Umsetzungsstand der beabsichtigten Fachkonzepte und Managementprozesse bewertet. Zu den drei Hauptdimensionen werden insgesamt zehn Bewertungsdimensionen definiert.

Verknüpft mit der Frage der Bewertungsdimensionen ist die strukturelle Frage, ob ein ein- oder mehrdimensionales Reifegradmodell aufgebaut werden soll. In der Regel verfügen Reifegradmodelle über ein eindimensionales Bewertungskonzept (Pöppelbuß, Röglinger 2011). In eindimensionalen Konzepten werden für jede Bewertungsfunktion – je nach Modell – drei bis zehn Reifegradstufen gebildet, die alle relevanten Bewertungsdimensionen integrieren. Die Stufen werden sprachlich so differenziert, dass von Stufe zu Stufe ein höherer Reifegrad beschrieben wird. In der Reifegradbewertung wird meist die höchste Stufe zugeordnet, zu der das Unternehmen alle Anforderungen erfüllt. Der Pfad, wie Unternehmen ihre Reife entwickeln sollen, ist damit eindeutig vorgezeichnet.

Die Stärke eindimensionaler Konzepte ist deren Einfachheit und leichte Verständlichkeit. Ferner stellt die mathematische Verknüpfung mehrere Bewertungsdimensionen zur Bewertung einer Bewertungsfunktion ein Problem mehrdimensionaler Konzepte dar, das bei eindimensionaler Vorgehensweise logischer Weise nicht auftritt.

Mehrdimensionale Konzepte bewerten mehrere Aspekte der Reife parallel (vgl. EFQM 2012). Im 15M-Reifegradmodell werden die oben angesprochenen zehn Dimensionen bewertet. Zur Ermittlung des Reifegrads einer Bewertungsfunktion werden die Bewertungen der Dimensionen mit einem mathematischen Algorithmus zusammengefasst, beispielsweise mit einem gewichteten Durchschnitt. Alternative Algorithmen sind vorstellbar und werden im 15M-Reifegradmodell auch angewandt (vgl. Kap. 5).

Der große Vorteil mehrdimensionaler Bewertungskonzepte liegt in der differenzierteren Betrachtung, die wirkungsvollere Verbesserungsmaßnahmen identifizieren hilft. Ferner kann situationsspezifisch ein sinnvoller Entwicklungspfad gewählt werden, wie folgendes Beispiel veranschaulicht: Soll zur Entwicklung der Reife in der Lieferantenklassifizierung zunächst verstärkt auf die Einbindung cross-funktionaler Partner gesetzt werden. Oder sollen im ersten Schritt die Klassifizierungsmethode fortentwickelt und Risikoaspekte explizit betrachtet werden. Beide Vorgehensweisen erhöhen den Reifegrad. Hingegen ist in eindimensionalen Systemen der Pfad – unabhängig von sinnvollen Prioritäten – eindeutig vorgezeichnet.

Um unnötigen Bewertungsaufwand zu verhindern, ist im 15M-Reifegradmodell je Bewertungsfunktion zusätzlich eine eindimensionale Kurzbewertung ausformuliert. Die Kurzbewertung wird immer dann empfohlen, wenn in der jeweiligen Bewertungsfunktion kein aktueller Handlungs- und/oder Bewertungsbedarf gesehen wird, beispielsweise bei kaum umgesetzten Funktionen. Die Kurzbewertung ist eine pragmatische Heuristik, die systematisch gesehen kritisch zu beurteilen ist.

Das Konzept der Reife wird in Kap. 4 näher ausgeführt.

3. Konzept der Bewertung und Reifegradstufen

Drittes Strukturelement der Reifegradmodelle ist die Bewertung der Reife bzw. die Ermittlung des Reifegrades. Die Quantifizierung des Reifegrades mit einem Score oder einer Reifegradstufe hilft bei der nachhaltigen Entwicklung des Einkaufsmanagementsystems, nach der bekannten Devise „You can't manage, what you can't measure."

Die originäre Bewertung der Reife erfolgt mit einer fünfstufigen Skala auf Ebene der einzelnen Bewertungsdimensionen je Bewertungsfunktion. Über mehrere Stufen werden die Einzelbewertungen mit einer scoringähnlichen Systematik zum Gesamtreifegradscore aggregiert.

Der Reifegradscore bildet filigran den Reifegrad des strategischen Einkaufs ab. Aus Kommunikations- und Motivationszwecken erscheint es allerdings sinnvoll, Reifegradstufen zu definieren und anschaulich zu benennen. Im 15M-Reifegradmodell sind folgende Stufen vorgesehen: Champion, Professional, Semi-Professional, Beginner, Mr. White.

Darüber hinaus sind weitere Auswertungen möglich, beispielsweise die Sicht auf den aktuellen Reifegrad im strategischen Einkauf und den geplanten Reifegrad in ein oder drei Jahren. Das Konzept der Bewertung wird in Kap. 5 diskutiert.

4. Anmerkung zur Ergebnismessung

Mit der Reife des Einkaufsmanagementsystems sollte sich auch der Wertbeitrag des Einkaufs positiv entwickeln. Zur Berücksichtigung dieser Beziehung im Reifegradmodell sind verschiedene Ansätze möglich. Mit empirischen Studien kann die Korrelation zwischen erreichter Reifegradstufe und Einkaufserfolg analysiert werden (vgl. Schiele 2007, S. 278 ff.).

Im unten vorgestellten EFQM-Modell (vgl. Kap. 2.3) wird gefordert, innerhalb des Reifegradmodells auch eine Bewertung der Ergebnisse vorzunehmen. Dieser Überlegung wird nur zum Teil gefolgt. Die Systematik zur Messung des Einkaufserfolges wird als Teil des Fachkonzeptes mit betrachtet. Wird beispielsweise die Kostenposition des Unternehmens in Bezug auf die Versorgung des Unternehmens in angemessener Weise gesteuert? Der Einkaufserfolg selbst wird jedoch nicht innerhalb des Reifegradmodells beurteilt. In einem Einkaufsmanagementsystem sollte der Einkaufserfolg nicht im Reifegradmodell sondern im Einkaufscontrolling gemessen werden. Von einer Doppelmessung sollte grundsätzlich abgesehen werden. Das 15M-Reifegradmodell ist der letzten Vorgehensweise verpflichtet.

2.2 Integration in das Einkaufsmanagement

Mit dem Reifegradmanagement soll die Entwicklung des Einkaufsmanagements nachhaltig entwickelt werden. Dabei darf das Reifegradmanagement nicht losgelöst vom Einkaufsmanagement betrachtet werden. Ganz im Gegenteil. Das Reifegradmanagement muss in das Einkaufsmanagement völlig integriert werden. 1) Trotzdem soll aus didaktischen Gründen zunächst die Struktur des Reifegradmanagements isoliert analysiert werden. 2) Anschließend wird die Integration des Reifegradmanagements in das Einkaufsmanagement betrachtet.

1. Konzept des Reifegradmanagements

Das Reifegradmanagement orientiert sich am Regelkreisverständnis mit den klassischen Schritten a) Analyse des aktuellen Einkaufsmanagements mit Ermittlung des Reifegrades b) Definition von Verbesserungsmaßnahmen c) Umsetzung und Steuerung der Verbesserungsmaßnahmen zur Steigerung des Reifegrades. Zyklisch werden diese Prozessschritte durchlaufen mit dem Ziel, die Reife des Einkaufs zu steigern.

a. **Analyse- und Bewertungsphase:** Im ersten Schritt muss die aktuelle Situation im strategischen Einkauf analysiert werden. Dabei werden Stärken und Schwächen und uno actu Verbesserungsideen identifiziert und der Reifegrad ermittelt. Zur Gestaltung der Bewertungsphase sind folgende Fragen zu klären:
   - Wie soll die Reifegradanalyse durchgeführt werden? Grundlegend ist dabei die Entscheidung zwischen Selbst- und Fremdbewertung.
   - Ferner muss das Bewertungsdesign und der Bewertungsprozess mit dem Ziel einer hohen Bewertungsqualität definiert werden. Beispielsweise muss über den Grad an Bewertungsspielräumen entschieden werden.
b. **Planungsphase:** Aus der Vielzahl möglicher Verbesserungsideen werden besonders wertbeitragssteigernde Ideen ausgewählt, ausgearbeitet und als Verbesserungsmaßnahmen beschlossen.
c. **Umsetzungs- und Steuerungsphase:** Die definierten Verbesserungsmaßnahmen werden in der Regel in Form von Verbesserungsprojekten umgesetzt und mehr oder minder intensiv mit Projektmanagementmethoden gesteuert.

In der Regel sollte im Jahresturnus das Einkaufsmanagement neu analysiert und der Reifegrad ermittelt werden. Bei der Neubewertung kann meist mit vereinfachten Methoden und somit reduziertem Aufwand gearbeitet werden.

2. Integration in das Einkaufsmanagement
Das Reifegradmanagement ist der Teil des Einkaufsmanagementsystems, der das Einkaufsmanagement vorantreibt. Es ist gleichsam der Motor im Einkaufsmanagement. Die Integration des Reifegradmanagements in das Einkaufsmanagement kann folgendermaßen skizziert werden.

Die Reifegradanalyse kann als Teil der strategischen Analyse angesehen, die kurz vor oder mit der jährlichen Strategieplanung ausgeführt wird. Die identifizierten Verbesserungsideen gehen in die Planung der Rahmenstrategie ein. Bedeutsame Ideen können zu strategischen Stoßrichtungen werden, z. B. der Aufbau systematischer Marktstrategien. Sie können aber auch in andere Stoßrichtungen einfließen. Die Konkretisierung und Steuerung der Projekte und Maßnahmen zur Verbesserung des Einkaufsmanagements erfolgen dann gemeinsam mit allen anderen strategischen Programmen und Projekten der Einkaufsstrategie. Die Entwicklung des Reifegradscores sowie seiner Bestandteile können als „normaler" Strategietreiber im Einkaufscontrolling gesteuert werden.

Das Reifegradmanagement im strategischen Einkauf wird in Kap. 6 vertieft.

2.3 Ausgewählte Reifegradmodelle

Reifegradmodelle im Management sind weit verbreitet und existieren mittlerweile zu den unterschiedlichsten Themen (vgl. Neumann 2007, 157 ff.; Pöppelbuß, Röglinger 2011). Schweiger präsentiert in seiner Untersuchung zu Reifegradmodellen allein im Einkauf 18 Modelle mit wissenschaftlichem Hintergrund und 14 Modelle mit einem Beratungshintergrund (Schweiger 2014, vgl. ferner die Übersicht bei Schiele 2007).

Ein systematischer Überblick zu Reifegradmodellen würde die Zielsetzung und den Rahmen dieser Publikation sprengen. Da mit der 15M-Architektur bereits die Basis für ein Fachkonzept zum strategischen Einkauf gelegt ist, richtet sich der Fokus stärker auf die Konzeptualisierung der Reife und des Reifegradmanagements. Anhand von vier ausgewählten Beispielen soll der Aufbau und die Wirkungsweise von Reifegradmodellen veranschaulicht werden. Im Folgenden werden das CMMI-Modell, die ISO/IEC 15504, das EFQM-Modell und die ISO 9004 vorgestellt. Neben der Historie werden entsprechend der oben ausgeführten Struktur jeweils das Fachkonzept, das Konzept der Reife, das Bewertungskonzept und das Managementkonzept diskutiert.

1. CMMI

Das Capability Maturity Model Integration (CMMI) (vgl. Chrissis, Konrad, Shrum 2013 sowie Kneuper 2007) ist eine Familie von Reifegradmodellen mit gemeinsamer Architektur, deren Wurzeln in der Softwareentwicklung liegen. Derzeit sind drei Konstellationen (= Modelle) formuliert, für Development, für Acquisition und für Service. Das CMM (Capability Maturity Model) als Vorgänger des CMMI gilt als einer der Wegbereiter der Reifegradmodelle und wurde erstmals im Jahr 1991 veröffentlicht. Die folgenden Ausführungen orientieren sich am CMMI für Development in der aktuellen Version 1.3.

Fachkonzept Das Fachkonzept unterscheidet 22 Prozessgebiete (Process Areas), die in vier Kategorien eingeteilt werden (Prozessmanagement, Projektmanagement, Entwicklung, Unterstützung). Beispiele von Prozessgebieten sind Konfigurationsmanagement, organisationsweite Prozessdefinition, Projektplanung, Management von Lieferantenvereinbarungen.

Für jedes Prozessgebiet werden ein bis drei spezifische Ziele formuliert, z. B. für das Prozessgebiet Lieferantenvereinbarungen: 1) Vereinbarungen mit Lieferanten werden etabliert und beibehalten sowie 2) Vereinbarungen werden sowohl vom Projekt als auch vom Lieferanten erfüllt. Für die spezifischen Ziele werden in der Regel mehrere spezifische Praktiken formuliert, von denen erwartet wird, dass sie zur Erreichung der spezifischen Ziele führen. Für die Lieferantenvereinbarungen sind sechs spezifische Praktiken mit vielfältigen Subpraktiken ausgeführt, beispielsweise Lieferanten auswählen mit Subpraktiken wie Kriterien definieren, potenzielle Lieferanten identifizieren. Das Fachkonzept ist tiefgehend ausformuliert und bietet umfangreiche Hilfestellungen zur Entwicklung der Reife an.

Konzept der Reife Es wird zwischen Fähigkeiten in einzelnen Prozessgebieten und dem Reifegrad der Organisation differenziert. Es werden vier Fähigkeitsstufen unterschieden: (Stufe 0) Incomplete bedeutet, dass nicht alle spezifischen Ziele erreicht werden. (Stufe 1) Performed bedeutet, dass die Arbeit so durchgeführt wird, dass die spezifischen Ziele erreicht werden. (Stufe 2) Managed heißt, dass in Übereinstimmung mit Leitlinien geplant und durchgeführt wird. (Stufe 3) Defined wird zugewiesen, wenn ein Prozess gemäß angepasster organisationsweiter Standardprozesse durchgeführt und systematisch verbessert wird.

Es gibt fünf Reifegradstufen. (Reifegrad 1) Initial wird vergeben, wenn die Prozesse ad hoc gesteuert werden. Der Erfolg hängt im Wesentlichen von der Kompetenz und dem Engagement der Personen ab. (Reifegrad 2) Managed wird zugewiesen, wenn ausgewählte Prozessgebiete Fähigkeitsstufe 2 aufweisen. Jedes Prozessgebiet wird im CMMI einer Reifegradstufe zugeordnet, für die es relevant ist. Beispielsweise wird das Prozessgebiet Risikomanagement erst ab Reifegrad 3 oder das Prozessgebiet Ursachenanalyse und -beseitigung erst ab Stufe 5 erforderlich. (Reifegrad 3) Defined wird vergeben, wenn alle Prozessgebiete der Stufen 2 und 3 die Fähigkeitsstufe 3 erreicht haben. (Reifegrad 4) Quantitatively Managed erreicht ein Unternehmen, wenn zusätzlich zum Reifegrad 3 weitere spezifische Prozessgebiete in Fähigkeitsstufe 3 ausgeführt werden. (Reifegrad 5) Optimizing bedeutet, dass die Prozessgebiete systematisch verbessert werden. Hierzu müssen zwei weitere Prozessgebiete auf Fähigkeitsstufe 3 realisiert sein.

Bewertung der Reife In Appraisals (= Beurteilung) wird anhand von Nachweisen geprüft, wieweit die Anforderungen erfüllt sind. Damit ergeben sich die Fähigkeitsgrade der Prozessgebiete und der Reifegrad der Organisation. Die Bewertung kann per Selbstbewertung (Assessment) oder per Fremdbewertung (Evaluation) erfolgen. In der SCAMPI-Appraisal-Familie werden unterschiedliche Bewertungsverfahren, teils mit Benchmarkcharakter (SCAMPI A) vorgeschlagen.

Reifegradmanagement Es wird aufgefordert klare Reifegradziele zu formulieren und diese anzustreben. Dabei werden umfangreiche fachliche Hilfestellungen angeboten.

2. ISO/IEC 15504 (Spice)
Vergleichbar zum CMMI-Modell ist die ISO/IEC-Norm 15504, auch Spice (Software Process Improvement und Capability Determination) (vgl. Deutsches Institut für Normung 2011, Wagner, Dürr 2008) genannt. Sie normt und unterstützt das Assessment von Unternehmensprozessen. Sie wurde als Vorversion 1998 entwickelt und 2006 verabschiedet und liegt aktuell in der Version 2012 vor.

Fachkonzept Die ISO/ICE 15504 versteht sich als allgemeines Modell zur Bewertung von Unternehmensprozessen. Der Anwender kann ein für seine Branche oder Aufgabenstellung individuelles Prozess-Referenzmodell auswählen. Bekanntes Beispiel aus der ISO-Familie ist das Prozessmodell für die Softwareentwicklung (ISO/IEC 12207). In der Norm werden nur wenige formale Anforderungen beschrieben, die vom Prozess-Referenzmodell einzuhalten sind.

Konzept der Reife In der Norm werden nur Fähigkeitsgrade bzw. Reifegrade einzelner Prozesse beschrieben. Eine Zusammenfassung für die gesamte Organisation ist nicht vorgesehen.

Es werden 6 Reifegrade unterschieden: (Stufe 0) Unvollständiger Prozess, (Stufe 1) Durchgeführter Prozess, (Stufe 2) Gelenkter Prozess, (Stufe 3) Etablierter Prozess, (Stufe 4) Vorhersagbarer Prozess, (Stufe 5) Optimierender Prozess. Die Ähnlichkeit zu den Reifegradstufen im CMMI ist offenkundig.

Zur näheren Beschreibung und zur Bewertung der einzelnen Reifegradstufen sind Prozessattribute festgelegt. Beispielsweise wird Stufe 3 etablierter Prozess durch die beiden Attribute „Prozessdefinition“ und „Prozesseinsatz“ charakterisiert. Die Attribute sind in der Norm detailliert beschrieben.

Bewertung der Reife Anhand von Nachweisen wird im Bewertungsprozess durch die Assessoren beurteilt, wie weit ein Prozessattribut erfüllt ist. Vier Erfüllungsgrade sind vorgesehen: nicht, teilweise, weitgehend und vollständig erfüllt. Damit ein Prozess eine Reifegradstufe erreicht, müssen alle Prozessattribute der darunter liegenden Stufen vollständig erfüllt und die Prozessattribute der betreffenden Stufe mindestens weitgehend erfüllt sein. Der Assessmentprozess ist detailliert beschrieben.

Reifegradmanagement Der Prozess des Reifegradmanagements ist detailliert beschrieben. Dabei wird der Ausgangspunkt in den Unternehmenszielen und der Ausgangssituation gewählt. Darüber hinaus wird der Verbesserungsprozess im Sinne eines Verbesserungsprojektes betrachtet.

3. EFQM-Modell
Das EFQM-Modell ist das Reifegradmodell der European Foundation for Quality Management zur Beurteilung des Qualitätsmanagementansatzes einer Organisation (Vgl. www.efqm.org, EFQM 2012; Sommerhoff 2013). In diesem Modell wird allerdings der Begriff der Qualität derart weit definiert, dass Qualitätsmanagement mit dem Managementbegriff verschwimmt. Letztlich ist der Gegenstand des EFQM-Modells die Reife des Managements einer Organisation. Das EFQM-Modell wurde 1991 veröffentlicht und letztmalig als Modell 2013 überarbeitet.

Ausgangspunkt sind neun grundlegende Managementprinzipien, die als Grundkonzepte der Excellence bezeichnet werden. Das erste Prinzip zeigt beispielhaft den Charakter: „Nutzen für den Kunden schaffen: Exzellente Organisationen schaffen konsequent Kundennutzen durch Verstehen, Voraussehen und Erfüllen von Bedürfnissen, Erwartungen sowie das Nutzen von Chancen."

Fachkonzept Im Fachkonzept werden neun „Kriterien" unterschieden, die nach „Befähiger" und „Ergebnisse" strukturiert sind. Befähiger sind 1) Führung, 2) Strategie, 3) Mitarbeiterinnen und Mitarbeiter, 4) Partnerschaften und Ressourcen sowie 5) Prozesse, Produkte, Dienstleistungen. Die Ergebnisse sollen den Erfolg des Managements bei den Stakeholdern und aus Sicht der Organisation aufzeigen. Es werden 6) Kundenbezogene Ergebnisse, 7) Mitarbeiterinnen- und Mitarbeiterbezogene Ergebnisse, 8) Gesellschaftsbezogene Ergebnisse sowie 9) Schlüsselergebnisse unterschieden.

Die neun „Kriterien" werden in 32 „Teilkriterien" untergliedert. Darüber hinaus werden „Orientierungspunkte" formuliert, die Hilfestellungen für die Beurteilung der Excellence darstellen, selbst aber nicht verpflichtend sind.

Konzept der Reife Die Reife wird auf Ebene der Teilkriterien mit der RADAR-Logik bewertet. Bei Befähigern wird das 1) Vorgehen, insbesondere ob fundiert und integriert, 2) die Umsetzung, insbesondere ob eingeführt und angemessen, sowie die Bewertung und Verbesserung bewertet. Die berichteten Ergebnisse werden 1) nach Relevanz und Nutzen und 2) nach Leistung beurteilt.

Bewertung der Reife Die Bewertung der Einzelkriterien erfolgt mittels eines prozentualen Erfüllungsgrads zwischen 0 % und 100 %. Parallel dazu werden die Erfüllungsgrade auch sprachlich in „keine Nachweise“, „einzelne Nachweise“, „Nachweise“, „klare Nachweise“ und „durchgängig, vorbildlich“ abgestuft.

Die Teilkriterien werden mit wenigen Ausnahmen gleichgewichtet zur Punktezahl des Kriteriums und über eine gewichtete Addition zur Punktezahl der gesamten Organisation aggregiert. Reifegradstufen werden in Bezug auf die erreichte Punktezahl nicht definiert.

Reifegradmanagement Die Grundform ist die Selbstbewertung der Organisation. Der Regelkreis „Ergebnisse“, „Vorgehen“, „Umsetzung“ und „Bewertung & Verbesserung“ ist explizit definiert. Darüber hinaus wird – soweit würdige Bewerber vorhanden – jährlich der EFQM-Award vergeben.

4. ISO 9004:2009-12

Die DIN EN ISO 9004 bietet einen Leitfaden zur Entwicklung eines Qualitätsmanagementsystems, das den Forderungen der ISO 9001 entspricht. In der aktuellen Version (Ausgabedatum 2009) wird ein umfassendes Reifegradmodell für die Selbstbewertung mit folgendem Ziel entwickelt. Die ISO 9004 „fördert die Selbstbewertung als ein wichtiges Werkzeug für die Bewertung des Reifegrades der Organisation, das deren Führung, die Strategie, das Managementsystem, Ressourcen und Prozesse behandelt, um Stärken und Schwächen sowie Verbesserungs- und Innovationsmöglichkeiten zu ermitteln.“ (Deutsches Institut für Normung 2009, S. 6) Analog zum EFQM-Modell definiert die ISO 9004 Qualitätsmanagement so weit, dass die Differenz zum allgemeinen Managementbegriff nicht mehr erkennbar ist.

Basis für das Reifegradmodell sind die acht „Qualitätsmanagementgrundsätze“, die den Grundsätzen im EFQM-Modell sehr ähnlich sind: 1) Kundenorientierung, 2) Führung, 3) Einbeziehung der Mitarbeiter, 4) Prozessorientierter Ansatz, 5) Systemorientierter Ansatz, 6) Ständige Verbesserung, 7) Sachbezogener Ansatz zur Entscheidungsfindung, 8) Lieferantenbeziehung zum gegenseitigen Nutzen (vgl. Deutsches Institut für Normung 2009, S. 113 ff.).

Fachkonzept Zur Bewertung werden sieben „Abschnitte“ mit insgesamt 37 „Elementen“ unterschieden. Im ersten Abschnitt „Schlüsselelemente“ werden Führungsgrundsätze beurteilt, z. B. „Was ist der Ansatz der Führung?“ Die weiteren Abschnitte orientieren sich am Leitfaden: (Abschn. 4) „Leiten und Lenken für den nachhaltigen Erfolg einer Organisation", (Abschn. 5) Strategie und Politik, (Abschn. 6) Management von Ressourcen, (Abschn. 7) Prozessmanagement, (Abschn. 8) Überwachung, Messung, Analyse und Bewertung, (Abschn. 9) Verbesserung, Innovation und Lernen. Im Leitfaden erfolgt eine nähere inhaltliche Beschreibung der Anforderung an das Qualitätsmanagementsystem.

Konzept der Reife Es werden fünf Reifegradstufen je Element bzw. je Abschnitt unterschieden. Eine Anpassung wird dem Anwender explizit zuerkannt. Die Logik orientiert sich an den Qualitätsmanagementgrundsätzen, wird allerdings nicht explizit erläutert. Vielmehr wird auf Ebene der Elemente jeweils die Anforderung formuliert, die für die Erreichung einer Reifegradstufe erforderlich ist. Für Elemente 6.4 Partner und Lieferanten sind beispielsweise folgende Forderungen für Grad 1 bzw. Grad 4 zu erfüllen: (Grad 1) „Die Kommunikation mit den Lieferanten ist auf Ausschreibung, Aufgabe von Bestellungen oder Problemlösungen beschränkt." (Grad 4) „Es kommt zu einer offenen Kommunikation über Erfordernisse und Strategien mit Partnern." (Deutsches Institut für Normung 2009, S. 72).

Bewertung der Reife Für jedes Element wird – beginnend mit dem niedrigsten Grad – analysiert, ob die Organisation das Kriterium erfüllt. Der aktuelle Reifegrad eines Elementes ist der höchste erreichte Reifegrad bis ein Kriterium nicht erfüllt ist. Die Zusammenfassung der Bewertungen zu Abschnittsbewertungen wird nicht beschrieben. Logisch wäre allerdings, das Element mit dem niedrigsten Reifegrad als Maßstab für den Reifegrad des Abschnittes herzunehmen.

Reifegradmanagement Die Vorgehensweise zur Selbstbewertung sowie der Regelkreis von Selbstbewertung und Planung von Verbesserungen und Innovationen werden explizit beschrieben (Deutsches Institut für Normung, 2009 S. 60 ff.).

Fachkonzept des strategischen Einkaufs

3

Nach dem Überblick über das 15M-Reifegradmanagement werden die einzelnen Bausteine im Detail vorgestellt. Im Fachkonzept wird der Gegenstand des Reifegradmodells abgegrenzt und strukturiert. Es muss die Funktion des strategischen Einkaufs beschrieben und die darin enthaltenen Aufgaben bzw. Teilfunktionen strukturiert und präzisiert werden.[1] Im ersten Schritt soll das Verständnis von strategischem Einkauf und das zugrundeliegende Basiskonzept der 15M-Architektur beschrieben werden (Kap. 3.1). Darauf aufbauend kann das Fachkonzept des 15M-Reifegradmodells entwickelt werden (Kap. 3.2).

3.1 Begriff „strategischer Einkauf" und 15M-Architektur

Das folgende Fachkonzept zum 15M-Reifegradmodell basiert auf der 15M-Architektur der Supply-Strategie. Strategischer Einkauf wird in dieser Architektur sehr weit als die betriebliche Funktion verstanden, die die Versorgung des Unternehmens mit Gütern und Leistungen ganzheitlich, strategieorientiert und wertbeitragsoptimierend gestaltet und steuert (Heß, 2010S. 20 ff. und die dort angegebene

[1] Angemerkt sei, dass die Funktion „strategischer Einkauf" nicht mit der Abteilung „strategischer Einkauf" verwechselt werden darf. So kann es in der Praxis vorkommen, dass Teilfunktionen des strategischen Einkaufs von anderen Abteilungen verantwortet werden. Beispielsweise können Fragen der Lieferantenqualität dem Qualitätsmanagement zugeordnet sein.

G. Heß, *Reifegradmanagement im Einkauf,* essentials,
DOI 10.1007/978-3-658-09649-6_3

Literatur). In dieser Definition wird die Funktion „strategischer Einkauf" korrespondierend mit dem Begriff „Supply Strategie" sehr umfassend konstituiert:

- Der strategische Einkauf übernimmt die Koordination bzw. (besser) die Verantwortung an der Lieferantenschnittstelle. Damit sind abteilungsübergreifend alle Aktivitäten zwischen Lieferant und Unternehmen, also z. B. Logistik-, Qualitäts- oder Entwicklungsaktivitäten, auszusteuern. Beispielsweise sind somit Lieferantenfrüheinbindung in den Entwicklungsprozess oder die Lieferantenqualität Aufgaben des strategischen Einkaufs.
- Die ganzheitliche Betrachtung der Lieferantenschnittstelle bedeutet in divisionalisierten Unternehmen auch eine business-unit-übergreifende (gebündelte) Vorgehensweise.
- Entsprechend dem Strategiebegriff ist der strategische Einkauf potenzialorientiert, d. h., dass er die Voraussetzungen für den zukünftigen Erfolg des Unternehmens schafft bzw. sichert. Dies bedeutet auch, dass die Ausrichtung des Einkaufs an der Unternehmens- und Wettbewerbsstrategie sowie den grundlegenden Wertbeitragszielen erfolgen muss.
- Als Aufgabe des strategischen Einkaufs werden auch die Gestaltung und die nachhaltige Entwicklung der operativen Einkaufsprozesse gesehen. Beispielsweise ist die Einführung eines elektronischen Katalogeinkaufs – unabhängig von der Abteilung, die im Unternehmen diese Aufgabe übernimmt – als Aufgabe des strategischen Einkaufs zu verstehen.

Die 15M-Architektur der Supply-Strategie (Heß 2010, S. 39 ff.) ist ein ganzheitlicher, modular aufgebauter Ansatz zur nachhaltigen Entwicklung des strategischen Einkaufs. Sie wurde in der Unternehmenspraxis in den Jahren 2006 bis 2008 entwickelt und hat sich seit dieser Zeit in vielfältigen Anwendungen bewährt. Aus einer einfachen generischen Überlegung heraus werden vier Strategiebausteine unterschieden: Zur Umsetzung seiner Absatzmarktziele und zur Erstellung der Marktleistung benötigt das Unternehmen Materialien und Leistungen, die auf Beschaffungsmärkten (z. B. Markt für Gussteile, Stahlmarkt, Markt für Softwaredienstleistungen) bei konkreten Lieferanten bezogen werden müssen. Die Aktivitäten auf den Beschaffungsmärkten müssen mit einer Rahmenstrategie ausgerichtet und im Performance Management gesteuert werden. Damit ergeben sich die vier Strategiebausteine 1) Rahmenstrategie, 2) Marktstrategie, 3) Lieferantenstrategie und 4) Performance Management. Die vier Strategiebausteine werden in 15 Module strukturiert. Angemerkt sei, dass 15M im Namen 15M-Architektur für 15 Module steht. In Abb. 3.1 findet sich ein Überblick zur 15M-Architektur (Heß 2010, S. 39 ff.).

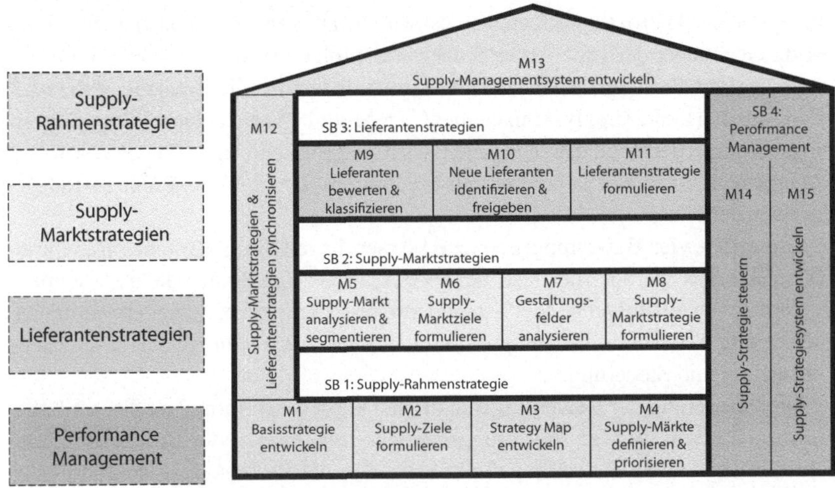

Abb. 3.1 Die 15M-Architektur der Supply-Strategie (Quelle: Heß 2010, S. 43, leicht modifiziert)

3.2 Fachkonzept im 15M-Reifegradmodell

Zur Reifegradbeurteilung soll die 15M-Architektur ausdifferenziert werden. Hierzu soll zunächst 1) die Strukturierung des Fachkonzeptes erläutert und anschließend 2) das Fachkonzept selbst vorgestellt werden. Die verbindlichen Teile des Reifegradmodells müssen so allgemein bleiben, dass sie in den unterschiedlichen Anwendungssituationen einsetzbar sind. 3) Im dritten Schritt wird gezeigt, wie das Fachkonzept beschrieben wird und wie mit weiteren fachlichen Inhalten – sogenannten Orientierungspunkten – die fachliche Entwicklung des strategischen Einkaufs unterstützt werden kann.

1. Strukturierung

Ausgehend von der Struktur der 15M-Architektur werden für die Reifegradbewertung drei Bewertungsebenen unterschieden. Auf Ebene der Module werden Bewertungsfunktionen definiert, für die jeweils ein Reifegrad ermittelt wird. Die Bewertungsfunktionen werden – analog zu den Strategiebausteinen – zu Bewertungsbereichen zusammengefasst. Die Verknüpfung der Bewertungsbereiche ergibt dann den Reifegradscore des Einkaufs insgesamt.

Analog zur 15M-Architektur der Supply-Strategie orientieren sich die ersten vier Bewertungsbereiche 1) Rahmenstrategie, 2) Marktstrategien, 3) Lieferantenstrategien und 4) Prozessstrategien an den vier Strategiebausteinen der 15M-Architektur. Gegenüber der 15M-Architektur wurden folgende Anpassungen vorgenommen: Aus dem Strategiebaustein Rahmenstrategie werden die Bereiche „Prozesse" (= Modul 12) und „Supply-Management" (= Modul 13) als eigenständige Bewertungsbereiche herausgelöst. Hingegen wird der Strategiebaustein „Performance Management" (Module 14 und 15) als Steuerungselement in die Rahmenstrategie mit integriert.

Die ersten vier Bewertungsbereiche können jeweils in Form eines Regelkreises strukturiert werden, der sich am Prozessansatz der Strategielehre orientiert. Es können jeweils folgende vier Strategieprozessschritte unterschieden werden: a) Zielsetzung b) strategische Analyse c) strategische Ausrichtung und d) strategische Umsetzung und Steuerung.[2]

Die Gliederung der Bewertungsfunktionen könnte sich formal an diesem Schema ausrichten, d. h. vier Bewertungsbereiche mit jeweils vier Strategieprozessschritten ergäben 16 Bewertungsfunktionen. Für die Reifegradentwicklung ist es allerdings wertvoller, inhaltlich gehaltvolle Bewertungsfunktionen zu bilden und teilweise zu einem Strategieprozessschritt auch mehr als eine Bewertungsfunktion zu definieren. 32 der definierten 36 Bewertungsfunktionen können einem konkreten Strategieprozessschritt zugeordnet werden (vgl. Abb. 3.2).

Der fünfte Bewertungsbereich „Supply Management" wird als eine Art „Tiefenanalyse" zur Rahmenstrategie gesehen und nach Managementfunktionen gegliedert.

Risikoaspekte werden differenziert behandelt (Heß 2010, S. 73 ff.). Grundsätzlich gilt, dass es kein Management unter Sicherheit gibt. Damit ist die Betrachtung von Risiken eine Bewertungsdimension der Reife, die in jeder Bewertungsfunktion zu beurteilen ist. Zur Einschätzung der Reife des Risikomanagements insgesamt kann eine Auswertung über die Bewertungsdimension Risiko erstellt werden.

2. Fachkonzept zum strategischen Einkauf

Auf Basis dieser Überlegungen wird das Fachkonzept zum strategischen Einkauf für die Reifegradbewertung in folgende fünf Bewertungsbereiche und 36 Bewertungsfunktionen strukturiert. Die Bewertungsfunktionen werden mit dem in der Funktion anzustrebenden Ziel formuliert. Die anschließenden Anmerkungen geben beispielhaft einige vertiefende Hinweise zu spezifischen Konzepten der jeweiligen Bewertungsfunktion. Diese sollen dem Leser helfen, die teils abstrakten Formulierungen mit den bekannten Konzepten des strategischen Einkaufs zu verbinden. Die

[2] Analog zum CMMI-Konzept könnte die Reviewphase zur Optimierung des Strategiesteuerungsprozesses als ein fünfter Schritt berücksichtigt werden. Da dieser Schritt allerdings im Rahmen der Reifegradanalyse und -entwicklung enthalten ist, wird davon abgesehen.

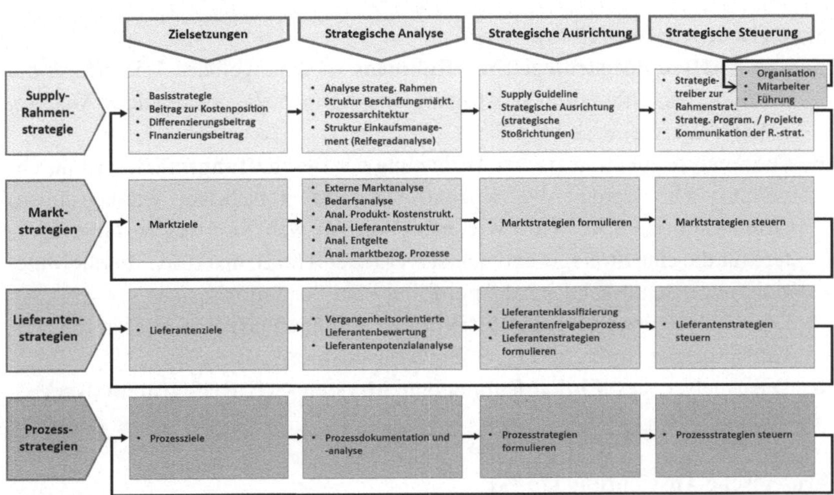

Abb. 3.2 Regelkreisdarstellung zu den Bewertungsfunktionen im 15M-Reifegradmodell

angeführten Prozentsätze sind die Gewichtungsfaktoren für die unten beschriebene Bewertung.

1. Bewertungsbereich: Supply-Rahmenstrategie (25 %)
Wie erfolgt die strategische Ausrichtung des (gesamten) Einkaufs?

Zielsetzungen (25 %)

1. Die **Basisstrategie** ist formuliert: Wie wird die Einkaufsstrategie mit der Unternehmens- und Wettbewerbsstrategie verknüpft? Wie werden Compliance-Richtlinien (z. B. Öko- und Sozialstandards) im Einkauf umgesetzt?
2. Die Ziele zur **Optimierung der Kostenposition** werden quantitativ gesteuert: Wie wird der Beitrag des Einkaufs zur Kostenposition formuliert, gemessen und gesteuert (Materialkosten, Prozesskosten und Total Cost)?
3. Die Ziele zum **Differenzierungsbeitrag** (= Leistungsbeitrag) werden quantitativ gesteuert: Wie wird der Beitrag des Einkaufs zur Differenzierung formuliert, gemessen und gesteuert (z. B. Innovationsbeitrag, Beitrag zur Qualität, Lieferperformance)?
4. Die Ziele zum **Finanzierungsbeitrag** werden quantitativ gesteuert: Wie wird der Beitrag des Einkaufs zur Finanzposition des Unternehmens formuliert, gemessen und gesteuert (z. B. Bestände, durchschnittliches Zahlungsziel, Working Capital aus Einkauf)?

Strategische Analyse (25 %)

5. Die **Analyse des strategischen Rahmens** ist durchgeführt: Wie erfolgt die Analyse der strategischen Ausgangssituation (z. B. Stakeholder-Analyse, SWOT-Analyse, Risk-Map)?
6. Die Analyse zur strategischen Bedeutung der **Beschaffungsmärkte** ist durchgeführt: Wie werden die Beschaffungsmärkte (entspricht Warengruppen) strukturiert und priorisiert? Wie erfolgt die Auswahl von Beschaffungsmärkten, für die eine Strategie entwickelt werden soll (z. B. marktorientierter Materialgruppenschlüssel, Einkaufsportfolio, Plan-Portfolio)?
7. Die Analyse der **Prozessarchitektur** ist durchgeführt: Wie werden die Einkaufsprozesse strukturiert (z. B. Prozesslandkarte)?
8. Die Analyse des **Einkaufsmanagementsystems (= Reifegradanalyse)** ist durchgeführt.

Strategische Ausrichtung (25 %)

9. Die **Supply Guideline** ist formuliert: Wie werden das Selbstbild (Rollenverständnis) und die Grundprinzipien des Einkaufs formuliert, gelebt und gesteuert (z. B. Supply Vision, Leitbild des Einkaufs)?
10. Die **strategische Ausrichtung** im Supply Management ist formuliert: Wie wird die Rahmenstrategie formuliert (z. B. strategische Stoßrichtungen, Balanced Scorecard mit Strategy Map, Reifegradentwicklung)?

Strategische Steuerung (25 %)

11. **Strategietreiber zur Rahmenstrategie** werden gesteuert: Wie wird die Rahmenstrategie mit Strategietreibern konkretisiert und gesteuert?
12. **Strategische Programme und Projekte** sind ausformuliert und werden gesteuert: Wie wird die Rahmenstrategie mit Programmen und Projekten konkretisiert? Wie werden diese gesteuert?
13. Die **Rahmenstrategie wird kommuniziert:** Wie erfolgt die Kommunikation der Rahmenstrategie (z. B. Kommunikationskonzept)?

2. Bewertungsbereich: Marktstrategien für Beschaffungsmärkte (entspricht Warengruppen) (25 %)

Wie werden Strategien für bedeutsame Beschaffungsmärkte formuliert, implementiert und gesteuert?

Zielsetzungen (25 %)

1. **Marktziele** sind aus den Supply-Zielen abgeleitet: Wie wird der Wertbeitrag des Einkaufs sowie der Strategiefortschritt im Beschaffungsmarkt for-

muliert und gemessen (z. B. Kennzahlen wie Materialkostenveränderung, Liefertermintreue)?

Strategische Analyse (25 %)

2. Die **externe Marktanalyse** ist durchgeführt: Wie erfolgt die Analyse des jeweiligen Beschaffungsmarktes? Wie werden die Marktrisiken identifiziert, bewertet und gesteuert (z. B. Anbieter-Abnehmermachtanalyse)?
3. Die **Bedarfsanalyse** ist durchgeführt: Wie erfolgt die Bedarfsanalyse (Menge und Anforderung) im jeweiligen Beschaffungsmarkt (z. B. statistisch, Stücklistenauflösung, Kundenanforderung mit Lastenheft)?
4. Die **Analyse der Produkt- und Kostenstruktur** ist durchgeführt: Wie erfolgt die Produkt- und Kostenstrukturanalyse im jeweiligen Beschaffungsmarkt (z. B. Cost-Break-Down, Open-Book)?
5. Die **Analyse der Lieferantenstruktur** ist durchgeführt: Wie erfolgt die Analyse der Lieferantenstruktur im jeweiligen Beschaffungsmarkt (z. B. kennzahlenbasiert, Supplier-Risk-Map)?
6. Die **Analyse der Entgelte** ist durchgeführt: Wie erfolgt die Analyse der Entgelte (z. B. Preisprognosemodelle)?
7. Die **Analyse marktbezogener Prozesse** ist durchgeführt: Wie erfolgt die Analyse marktbezogener Prozesse (z. B. Möglichkeit von Lieferantenfrüheeinbindung bzw. Möglichkeit von Auktionen)?

Strategische Ausrichtung (25 %)

8. **Marktstrategien** sind formuliert: Wie werden Marktstrategien formuliert (z. B. strategische Stoßrichtungen)?

Strategische Steuerung (25 %)

9. **Marktstrategien** werden gesteuert: Wie werden Marktstrategien implementiert und gesteuert (z. B. Strategietreiber, Projekte mit Projektmanagement, Kommunikation)?

3. Bewertungsbereich: Lieferantenstrategien (25 %)

Wie werden Lieferanten gesteuert? Wie werden für bedeutsame Lieferanten Strategien formuliert, implementiert und gesteuert?

Zielsetzungen (25 %)

1. **Lieferantenziele** werden aus den Supply-Zielen und/oder aus den Marktzielen abgeleitet: Wie wird der Wertbeitrag einzelner Lieferanten formuliert und gemessen (z. B. Kennzahlen wie Materialkostenveränderung, Liefertermintreue)?

Strategische Analyse (25 %)

2. Die **vergangenheitsorientierte Lieferantenbewertung** ist durchgeführt: Wie wird die realisierte Leistung eines Lieferanten gemessen (z. B. Kennzahlen, wie Liefertermintreue, bzw. Beurteilungen, wie Kooperationsbereitschaft bei Qualitätsproblemen)?
3. Die **Lieferantenpotenzialanalyse** ist durchgeführt: Wie werden die Potenziale und Risiken des Lieferanten in Bezug auf seine zukünftige Leistungsfähigkeit gemessen (z. B. Business-Interruption-Risk des Lieferanten)?

Strategische Ausrichtung (25 %)

4. Die Lieferanten sind in Hinblick auf **Art und Grad der Zusammenarbeit klassifiziert:** Wie werden Lieferanten klassifiziert und welche Konsequenzen ergeben sich hieraus (z. B. Entwicklungspartner, die in der Produktentwicklung Systemverantwortung übernehmen)?
5. Lieferanten sind freigegeben (= **Lieferantenfreigabeprozess**)[3]: Wie erfolgt die Freigabe neuer Lieferanten (z. B. Selbstauskunft, Lieferantenaudit)?
6. **Lieferantenstrategien** sind formuliert: Wie werden Lieferantenstrategien formuliert (z. B. Template Lieferantenstrategie)?

Strategische Steuerung (25 %)

7. **Lieferantenstrategien** werden gesteuert: Wie werden Lieferantenstrategien implementiert und gesteuert (z. B. Strategietreiber, Projekte mit Projektmanagement, Kommunikation)?

4. Bewertungsbereich: Prozessstrategien (15 %)

Wie werden Einkaufsprozesse dokumentiert, analysiert, optimiert und gesteuert?

Zielsetzungen (25 %)

1. **Prozessziele** sind aus den Supply-Zielen abgeleitet: Wie werden für Prozesse Wertbeitragsziele formuliert und gemessen (z. B. Maverick Buying-Quote, Spektrum der Warengruppen im Katalogeinkauf)?

Strategische Analyse (25 %)

2. Die **Prozessdokumentation und -analyse** sind durchgeführt: Wie werden die Einkaufsprozesse dokumentiert und analysiert? Wie werden die Prozessrisiken identifiziert, bewertet und gesteuert (z. B. Prozesscharts, Arbeitsanweisungen)?

---

[3] Der Freigabeprozess von Lieferanten erhält Elemente von allen Strategieprozessschritten. Eine Aufteilung in vier Bewertungsfunktionen wurde aus pragmatischen Gesichtspunkten nicht vorgenommen.

Strategische Ausrichtung (25 %)

3. **Prozessstrategien** sind formuliert: Wie werden für Einkaufsprozesse Strategien formuliert (z. B. strategische Stoßrichtungen)?

Strategische Steuerung (25 %)

4. **Prozessstrategien** werden gesteuert: Wie werden Prozessstrategien implementiert und gesteuert (z. B. Strategietreiber, Projekte mit Projektmanagement, Kommunikation)?

5. Bewertungsbereich: Einkaufsmanagement (10 %)

Wie werden die (allgemeinen) Managementfunktionen im Einkauf gesteuert?

1. Die **Organisation** ist auf die Strategie ausgerichtet: Wie wird die Einkaufsorganisation entwickelt (z. B. Stellenprofile)?
2. Die **Mitarbeiter** werden auf die Anforderungen der Strategie hin entwickelt (= Personalmanagement): Wie wird die richtige Mitarbeiterkapazität sichergestellt? Wie erfolgt die Mitarbeiterentwicklung (z. B. Kompetenzprofile und Kompetenzmanagement)?
3. Die **Führung** unterstützt die Entwicklung der Supply-Strategie: Wie erfolgen die Führung und die Motivation der Mitarbeiter (z. B. persönliche Zielvereinbarungen)?

3. Beschreibung des Fachkonzeptes und Orientierungspunkte

Im Fachkonzept des Reifegradmodells dürfen nur allgemein gültige Forderungen enthalten sein. Konkretisierungen, die nur in einzelnen Anwendungssituationen sinnvoll sind, können nicht berücksichtigt werden. Beispielsweise kann im Lieferantenmanagement eine strategische Lieferantenklassifizierung nach Grad und Art der Zusammenarbeit mit den Lieferanten gefordert werden. Eine weitere Konkretisierung mit der Vorgabe einzelner Typen, z. B. Vorzugslieferant, Potenziallieferant, ist kaum generell gültig. Jedoch finden sich gerade in einer tiefgehenden Konkretisierung vielfältige Anregungen für Verbesserungsmaßnahmen. Insofern geht das 15M-Reifegradmodell über die verbindliche Ebene der Reifegradbewertung hinaus und integriert vielfältige Hinweise, wie Unternehmen die jeweilige Bewertungsfunktion verbessern können. Diese sogenannten Orientierungspunkte dienen zunächst der Fortentwicklung des strategischen Einkaufs. Sie helfen aber auch, die Reife des strategischen Einkaufs zu beurteilen, da sie zeigen, welche Potenziale in der Bewertungsfunktion vorhanden sind. Allerdings gehen sie nur indirekt in die Bewertung ein, da sie nicht für die Reife des Unternehmens zwingend angesehen werden.

Das 15M-Reifegradmodell ist nach folgender Struktur beschrieben (vgl. die Beschreibung von Fachkonzepten im CMMI sowie nach ISO/IEC 155504, siehe Kap. 2.3). In dieser Struktur werden auch die Orientierungspunkte konkretisiert. Punktuell wird das Konzept am Beispiel der Lieferantenklassifizierung veranschaulicht.

1. **Bezeichnung der Bewertungsfunktion:** (1) Name (2) ID (3) Zweck (4) Definition (5) Zuordnung; Insbesondere erfolgt der Verweis auf den Leitfaden zur nachhaltigen Entwicklung der 15M-Architektur mit einer ausführlichen Beschreibung der Bewertungsfunktion.
2. **Zielsetzung der Bewertungsfunktion:** Beispiel: Die Lieferanten sind in Hinblick auf Art und Grad der Zusammenarbeit klassifiziert. Diese Zielsetzung ist Gegenstand der Reifegradbeurteilung. Sie wird im Modell erläutert.
3. **Teilziele:** Die Zielsetzung kann in Teilziele untergliedert werden, im Beispiel: (1) Die Arten der Zusammenarbeit mit Lieferanten sind definiert. (2) Die Anforderungen und die Leistungen an den jeweiligen Lieferantentyp sind definiert. Die Teilziele werden in der Reifegradbewertung nur implizit bewertet. Sie stellen eine erste Form an Orientierungspunkten dar.
4. **Bewertungsblatt:** Die unten beschriebenen Bewertungsdimensionen werden für die Zielsetzung konkretisiert (vgl. Kap. 4). Hierzu ist geplant anwendungsspezifische Varianten zu formulieren, da die Anforderungen in Mittelbetrieben anders sind als in multinationalen Konzernen (vgl. Mettler, Rohner 2009 sowie Schweiger 2014).
5. **Kurzbewertung je Ziel und Teilziel:** Je nach Unternehmenssituation können einzelne Bewertungsfunktionen zum Zeitpunkt der Bewertung wenig relevant sein. Zur einfachen Bewertung dieser Funktion wird eine einfache fünfstufige Skala aufgebaut.
6. **Erläuterungen zum Bewertungsblatt:** Insbesondere zu den Bewertungsdimensionen Methode und Risiko werden diverse Orientierungspunkte, z. B. Frageliste, Checklisten, Heuristiken, Best-Practice-Beispiele angeführt.

Angemerkt sei, dass zum Fachkonzept Branchenmodelle formuliert werden können, um mehr Tiefgang zu erreichen. Innerhalb einer Branche ist die Handlungssituation homogener, so dass detailliertere Vorgaben möglich werden (vgl. Deutsches Institut für Normung 2011, Dürr, Wagner 2008, S. 19 ff., Mettler, Rohner 2009).

Konzept der Reife des Einkaufs 4

Nach der Vorstellung des Fachkonzeptes zum strategischen Einkauf soll das Verständnis von Reife erläutert werden, das dem 15M-Reifegradmodell zugrunde liegt. 1) Hierzu wird von grundsätzlichen Managementprinzipien als normativem Rahmen ausgegangen. 2) Aus den Prinzipien werden anschließend die Bewertungsdimensionen abgeleitet, beschrieben und operationalisiert.

1. Managementprinzipien

Das Verständnis von Reife im 15M-Reifegradmodell basiert auf folgenden Managementprinzipien. Diese leiten sich aus dem funktionalen Managementbegriff ab (Steinmann et al. 2013) und orientieren sich an den Grundkonzepten der Exzellenz der EFQM (EFQM 2012) bzw. Grundsätze des Qualitätsmanagements der ISO 9004 (Deutsches Institut für Normung 2009):

1. **Ziel- und Wertbeitragsorientierung:** Das Handeln des Einkaufs wird durchgängig aus den Unternehmenszielen abgeleitet.
2. **Stakeholderbezug:** Das Handeln des Einkaufs orientiert sich an den Stakeholdern des Unternehmens und beachtet die Bezüge zu anderen Konzerntöchtern sowie zu cross-funktionalen Partnern im Unternehmen.
3. **Strategieorientierung:** Im Sinne des Strategiebegriffs stehen die Voraussetzungen des zukünftigen Erfolgs (= Erfolgspotenziale) – des Unternehmens sowie des Einkaufs – im Fokus.
4. **Sachbezogene Entscheidung:** Entscheidungen werden methodenorientiert optimiert und zielorientiert getroffen. Die Bereitstellung erforderlicher Infor-

G. Heß, *Reifegradmanagement im Einkauf,* essentials,
DOI 10.1007/978-3-658-09649-6_4

mationen und die Durchführung systematischer Analysen sind Basis sachbezogener Entscheidungen.

5. **Nachhaltige Steuerung:** Entscheidungen werden umgesetzt und dabei im Hinblick auf die sich entwickelnde Situation nachhaltig gesteuert.
6. **Empowerment:** Mitarbeiter werden entwickelt und erhalten Kompetenz zum verantwortlichen Tätigwerden. Erforderliche Ressourcen werden bereitgestellt. Das Management unterstützt.
7. **Risikoorientierung:** Risikoaspekte werden in jeder Entscheidung berücksichtigt.
8. **Ständige Verbesserung:** Das Einkaufsmanagementsystem ist selbst Gegenstand eines nachhaltigen Verbesserungsprozesses. Dies ist die Kernidee des Reifegradmanagements und ist im 15M-Reifegradmodell grundsätzlich angelegt.

2. Bewertungsdimensionen

Aus den Managementprinzipien werden im 15M-Reifegradmodell folgende Dimensionen abgeleitet, die Ausdruck der Reife sind und mit denen entsprechend die Reife beurteilt werden soll. Die Bewertungsdimensionen lassen sich in drei Hauptdimensionen einteilen: 1) Exzellenz des Fachkonzeptes, d. h. wie gut ist die zugrunde liegende fachliche Methodik; 2) Exzellenz des Managementprozesses, d. h. wie gut sind die zugrunde liegenden Managementprozesse und 3) Exzellenz der Umsetzung, d. h. wie umfangreich sind die Konzepte in den verschiedenen Anwendungsbereichen bzw. Organisationseinheiten des Unternehmens umgesetzt. Im Einzelnen ergeben sich folgende zehn Bewertungsdimensionen:

1. **Exzellenz des Fachkonzeptes**
   1. **Durchgängigkeit:** Wie ist die jeweilige Funktion im strategischen Einkauf mit den Anforderungen des Unternehmens, der Strategie und den operativen Einheiten (=vertikale Abstimmung) sowie mit anderen Managementaufgaben (=horizontale Abstimmung) integriert?
   2. **Methode:** Wie wirkungsvoll unterstützt die Methode die Steuerung der jeweiligen Funktion? Die Dimension zielt auf die Exzellenz der eingesetzten Fachmethode?
   3. **Risikoawareness:** Wie wird das Risiko innerhalb der jeweiligen Funktion des strategischen Einkaufs identifiziert, bewertet, gesteuert und überwacht?
   4. **Systemunterstützung:** Wie wird die jeweilige Funktion im strategischen Einkauf dv-technisch unterstützt?
2. **Exzellenz des Managementprozesses**
   1. **Prozess:** Wie wird die jeweilige Funktion im strategischen Einkauf gesteuert? (Wesentliche Aspekte sind beispielsweise: Klare Prozessdefinition, klare Verantwortlichkeiten, quantitative und nachhaltige Prozesssteuerung).

2. **Mitarbeiterkompetenz und -kapazität:** Wie wird für die jeweilige Funktion die erforderliche Mitarbeiterkompetenz und -kapazität gesichert?
3. **Cross-funktionale Zusammenarbeit:** Wie wird für die jeweilige Funktion im strategischen Einkauf die abteilungsübergreifende Zusammenarbeit gestaltet?
4. **Business-Unit-übergreifende Zusammenarbeit:** Wie wird für die jeweilige Funktion im strategischen Einkauf die business-unit-übergreifende Zusammenarbeit gestaltet?

3. **Exzellenz der Umsetzung**
   1. **Anwendung:** Wie weit ist die vorgeschlagene Vorgehensweise (Fachkonzept und Managementprozess) im Unternehmen umgesetzt? Die Frage zielt auf den Umsetzungsstand in den Bereichen, in denen die Vorgehensweise eingesetzt werden soll. Beispiel: Die Lieferantenbewertung soll in der Division A im direkten Einkauf eingeführt werden. Wie ist dort der Umsetzungsstand?
   2. **Scope:** Wie weit ist die vorgeschlagene Vorgehensweise (Fachkonzept und Managementprozess) im Unternehmen verbreitet? Die Dimension zielt auf die Breite der Einsatzbereiche. Beispiel: Die Lieferantenbewertung könnte auch in Division B und C und ebenso auch im indirekten Einkauf eingeführt werden.

Bei den Bewertungsdimensionen werden grundsätzlich fünf Stufen unterschieden:

0 % = Keine Lösung vorhanden.
25 % = Initiale Lösung vorhanden, d. h. erste Einzelaspekte, intuitive Lösungen.
50 % = Bewährte Lösung vorhanden, d. h. durchschnittliche Lösung bzw. angemessene Einsteigerlösung mit erheblichen Verbesserungspotenzialen.
75 % = Hervorragende Lösung vorhanden, d. h. fortschrittliche und umfassende Lösung mit kleineren Verbesserungspotenzialen.
100 % = Exzellente bzw. Weltklasse-Lösung vorhanden, d. h. professionelle Lösung, die aktuell keine Verbesserungspotenziale erkennen lässt.

Dieses generische Schema wird für die unterschiedlichen Bewertungsdimensionen sprachlich ausdifferenziert, wie das Beispiel der Bewertungsdimension „Durchgängigkeit“ zeigt:

0 % = Die Bewertungsfunktion wird weder vertikal noch horizontal abgestimmt.

25 % = Die Bewertungsfunktion wird intuitiv durch die handelnden Personen und/oder in wenigen Einzelaspekten auch mit einer definierten Vorgehensweise vertikal und/oder horizontal abgestimmt.

50 % = Die Bewertungsfunktion wird in mehr als der Hälfte der relevanten Bezüge mit einer definierten und dokumentierten Vorgehensweise abgestimmt.

75 % = Die Bewertungsfunktion wird in mehr als 75 % der relevanten Bezüge mit einer definierten und dokumentierten Vorgehensweise abgestimmt.

100 % = Die Bewertungsfunktion wird in allen relevanten Bezügen mit einer definierten und dokumentierten Vorgehensweise abgestimmt. Kleine Ausnahmen sind möglich, falls die Abstimmung unwirtschaftlich ist.

Im 15M-Reifegradmodell werden die Bewertungsdimensionen auch für die einzelnen Bewertungsfunktionen sprachlich konkretisiert, beispielsweise für die „Durchgängigkeit der Marktstrategie" bzw. die „Durchgängigkeit der Lieferantenbewertung". Es ist beabsichtigt die Bewertungsdimensionen der Bewertungsfunktionen für unterschiedliche Anwenderszenarien auszudifferenzieren, z. B. Durchgängigkeit der Lieferantenbewertung im mittelständischen Industriebetrieb.

Konzept der Bewertung 5

Zur Ermittlung des Reifegrades müssen 1) die Bewertungen der Bewertungsdimensionen zur Bewertung der einzelnen Bewertungsfunktion zusammengefasst werden. 2) Anschließend müssen die Bewertungsfunktionen zu Bewertungsbereichen und zum Gesamtreifegrad verdichtet werden. 3) Aus Kommunikationsgesichtspunkten erscheint es sinnvoll, Reifegradstufen zu definieren und mit anschaulichen Namen zu bezeichnen. 4) Darüber hinaus können über die durchgeführten Bewertungen unterschiedliche Auswertungen und Sichten erstellt werden. 5) Am Ende des Abschnittes erfolgt eine kurze Zusammenfassung zum 15M-Reifegradmodell.

1. Reifegrad der Bewertungsfunktion
Die acht Bewertungsdimensionen der Hauptdimensionen Fachkonzept und Managementprozess werden – wie oben ausgeführt – mit einer fünfstufigen Skala bewertet. Intrapolationen sind zulässig. Für die beiden Hauptdimensionen wird ein gewichteter Durchschnitt gebildet. Jede Dimension wird dabei mit einem Faktor zwischen 0 (=nicht relevant) und 4 (=Top-Priorität) gewichtet. Die Gewichtungen sind für jede Bewertungsfunktion spezifisch ermittelt und im 15M-Reifegradmodell vorgegeben. Sie sollten nicht angepasst werden. Für unterschiedliche Anwenderszenarien werden die Gewichtungen differenziert.

Die beiden Bewertungsfunktionen zur Exzellenz der Umsetzung werden als Prozentsatz ermittelt. Trotz der naheliegenden multiplikativen Verknüpfung werden die beiden Werte über die Quadratwurzel gemittelt.

Bei der Zusammenfassung der drei Hauptdimensionen zum Reifegrad der Bewertungsfunktion muss beachtet werden, dass einzelne Schwachpunkte die Reife insgesamt erheblich nach unten ziehen. Deshalb sollen diese Schwachpunkte im

G. Heß, *Reifegradmanagement im Einkauf,* essentials,
DOI 10.1007/978-3-658-09649-6_5

Algorithmus überproportional gewichtet werden. Zur Errechnung des Reifegrades der Bewertungsfunktion werden somit die Hauptdimensionen über die Quadratwurzel gemittelt und mit dem Umsetzungsstand multipliziert. Hat beispielsweise das Fachkonzept 90 % und der Managementprozess 40 % Reife, so ergibt sich als gemittelte Reife 60 % (Wurzel aus 90 % * 40 %). Multipliziert mit einem Umsetzungsstand von 80 % ergibt sich ein Reifegrad von 48 %.

2. Ermittlung der Reife der Bewertungsbereiche und des Gesamtreifegradscores

Die Bewertungsbereiche werden über einen gewichteten Mittelwert der zugrundeliegenden Bewertungsfunktionen ermittelt. Dabei werden die vier Strategieschritte (Zielsetzungen, strategische Analyse, strategische Ausrichtung und strategische Steuerung) mit jeweils 25 % und die darin liegenden Bewertungsfunktionen individuell gewichtet. Der Gesamtreifegrad ergibt sich als gewichteter Mittelwert der Bewertungsbereiche. Die Gewichtungen sind im Fachkonzept (vgl. Kap. 3) angemerkt. Eine grafische Veranschaulichung der Reifegradauswertung findet sich in Kap. 6.

Für unterschiedliche Anwendungsszenarien müssen im Bewertungsprozess – neben den fachlichen Anforderungen – nur die Gewichtungen der Bewertungsdimensionen und der Bewertungsfunktionen angepasst werden.

3. Reifegradstufen

Der Reifegradscore der Organisation, aber auch der einzelnen Bewertungsbereiche und Bewertungsfunktionen wird in Prozent ausgedrückt und ist damit ein transparenter Indikator für die Reife des strategischen Einkaufs. Aus Kommunikationsgesichtspunkten wird empfohlen, darüber hinaus Reifegradstufen einzuführen und mit mnemotechnischen Namen sowie einer Schulnotenzuordnung zu versehen. Es werden die in Tab. 5.1 genannten fünf Stufen vorgeschlagen.

Die Reifegradstufe wird zunächst aus dem Reifegradscore ermittelt. Darüber hinaus darf in keinem Bewertungsbereich der Reifegradscore mehr als eine Stufe unter der zugewiesenen Stufe liegen. Beispielsweise muss für eine Reifegradstufe „Professional" der Gesamtscore zwischen 61 % und 80 % liegen. Ferner darf in keinem Bewertungsbereich der Score unter 41 % liegen. Würde ein Bereich nur 10 % aufweisen, würde eine Abstufung auf das „Beginner"-Niveau erfolgen.

Analog kann den Bewertungsbereichen ein Reifegrad zugeordnet werden. Auch hier erfolgt die Einstufung zunächst nach dem Score. Darüber hinaus wird gefordert, dass kein Strategieschritt des Bewertungsbereiches mehr als eine Stufe unter dem zugeordneten Reifegrad liegt.

Tab. 5.1 Reifegradstufen im 15M-Reifegradmodell

Grad (%)	Titel	Adjektive	Note
81–100	Champion	Exzellent-Weltklasse (excellent-worldclass)	Note 1
61–80	Professional	Hervorragend (outstanding)	Note 2
41–60	Semi-Professional	Bewährt (approved)	Note 3
21–40	Beginner	Initial (initial)	Note 4
0–20	Mr. White	Strategiefrei (strategyless)	Note 5

4. Sichten und Auswertungen

Die Reifegradbewertung kann für unterschiedliche Sichten durchgeführt werden. Ferner können die Bewertungen der Bewertungsdimensionen in unterschiedlicher Weise zusammengefasst werden:

- **Bewertungsfunktion – Bewertungsbereich – Gesamtreifegrad:** Diese klassische Auswertung ist zentral und wurde oben vorgestellt.
- **Ist und Plan:** Die Bewertung kann für die aktuelle Situation erfolgen. Dabei werden selbst weit fortgeschrittene, aber noch nicht umgesetzte Projekte ignoriert. Alternativ kann ein Plan-Reifegrad, beispielsweise für die Situation in einem oder in drei Jahren, ermittelt werden.
- **Zeitliche Entwicklung:** Es können die Ergebnisse über den zeitlichen Verlauf ausgewertet werden.
- **Bewertungsfunktion – Strategieschritte – Gesamtreifegrad:** Es kann eine Zusammenfassung über die Strategieschritte, z. B. Reife der strategischen Analyse oder strategischen Ausrichtung, über alle Bewertungsbereiche hinweg erfolgen.
- **Bewertungsdimension:** Es können die einzelnen Bewertungsdimensionen über alle Bewertungsfunktionen zusammengefasst werden, z. B. wie gut ist die Durchgängigkeit.

5. Zwischenfazit zum 15M-Reifegradmodell

Die Struktur des 15M-Reifegradmodells kann somit zusammengefasst werden. Die Aufgaben des strategischen Einkaufs werden in fünf Bewertungsbereiche und 36 Bewertungsfunktionen strukturiert. Als Ordnungsraster dient dabei die Strukturierung in vier Strategieebenen (Rahmen-, Markt-, Lieferanten- und Prozessstrategie), die jeweils in vier Strategieprozessschritte (Zielsetzung, strategische Analyse, strategische Ausrichtung und strategische Steuerung) untergliedert werden. In diesem Raster werden die inhaltlich konkreten Bewertungsfunktionen eingeordnet. Darüber hinaus werden im fünften Bewertungsbereich Managementaufgaben des Einkaufs (Organisation, Personal, Führung) behandelt.

Für jede Bewertungsfunktion wird die Reife mit Hilfe eines mehrdimensionalen Konzeptes ermittelt. Die Hauptdimensionen (Exzellenz des Fachkonzeptes, Exzellenz des Managementprozesses und Exzellenz der Umsetzung) werden in insgesamt zehn Bewertungsdimensionen untergliedert.

Zur Bewertung der Bewertungsfunktionen werden die Reifedimensionen mit einer fünfstufigen Skala beurteilt und mathematisch aggregiert. Dabei sind sowohl die Kategorien der Dimensionen wie auch die Gewichtungen funktionsspezifisch festgelegt. Eine anwendungsorientierte Differenzierung ist für die Zukunft vorgesehen. Es sollte zwischen der aktuellen und einer geplanten Situation unterschieden werden. Die Reifegrade der Bewertungsfunktionen können über gewichtete Mittelwerte zu Reifegradscores der Bewertungsbereiche sowie zu einem Reifegradscore der Organisation zusammengefasst werden. Weitere Auswertungen, z. B. nach Strategieprozessschritten oder nach Bewertungsdimensionen sind möglich.

6 Reifegradmanagement im strategischen Einkauf

Das 15 M-Reifegradmanagement zielt auf die nachhaltige Entwicklung des strategischen Einkaufs. Isoliert für sich betrachtet – wie in den meisten Reifegradkonzepten üblich – wird der Reifegrad in einem einfachen Regelkreis gesteuert: Es wird der Reifegrad analysiert und bewertet. Hieraus ergeben sich Ziele und Verbesserungsmaßnahmen, die umgesetzt und gesteuert werden sollten. Beispielsweise nach einem Jahr erfolgt die Neubewertung des Reifegrades. Die Entwicklung sowie die Abweichungen von den Zielen werden beurteilt. Neue Ziele und Maßnahmen werden definiert.

Die isolierte Betrachtung des Reifegradmanagements wird den Anforderungen eines professionellen Einkaufs allerdings nicht gerecht. 1) Vielmehr muss das Reifegradmanagement in das strategische Einkaufsmanagement integriert werden, wie zunächst ausgeführt werden soll. Anschließend werden zwei besonders bedeutsame Einzelaspekte thematisiert. 2) Vorgehen zur Reifegradanalyse und 3) Ergebnisse der Reifegradanalyse.

(1) Überblick zum strategischen Einkaufsmanagement

Die Steuerung des strategischen Einkaufs ist komplex und kann im Folgenden nur sehr knapp skizziert werden (vgl. detailliert Heß 2010 sowie Heß 2011). Die Ausführungen orientieren sich an der Abb. 6.1.

Wertbeitragsziele (WBZ) Ausgangspunkt für die Steuerung des strategischen Einkaufs sind die Wertbeitragsziele des Einkaufs, die aus den Geschäftszielen des Unternehmens abgeleitet werden. Hierbei werden Ziele zum Kostenbeitrag (Messgrößen z. B.: Materialkostenveränderung, Projekterfolge), zum Differenzie-

G. Heß, *Reifegradmanagement im Einkauf*, essentials,
DOI 10.1007/978-3-658-09649-6_6

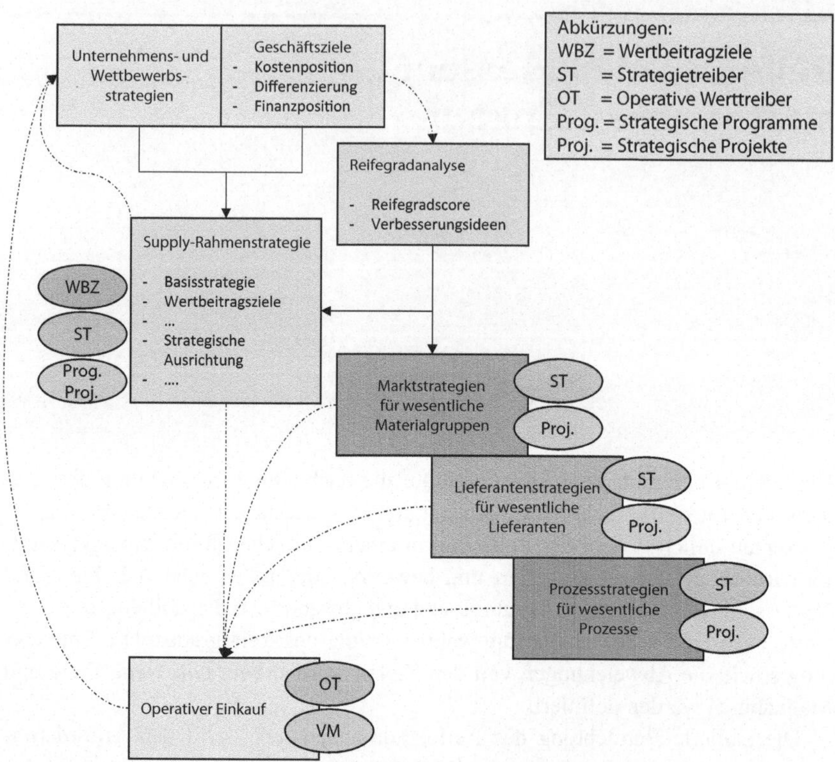

Abb. 6.1 Reifegradmanagement als Teil des Einkaufsmanagements

rungsbeitrag (Messgrößen z. B.: Innovationsbeitrag, Lieferantenqualität, Liefertermintreue) oder zum Finanzierungsbeitrag (Messgrößen z. B. RHB-Bestände, durchschnittliches Zahlungsziel) formuliert.

Strategiebeitrag (= Basisstrategie) Eng verknüpft mit den Geschäftszielen sind die Unternehmens- und Wettbewerbsstrategien des Unternehmens. Der angestrebte Beitrag des Einkaufs zu den Strategien muss abgeleitet werden. So kann beispielsweise der Aufbau neuer Absatzmärkte und Produktionsstandorte erhebliche Konsequenzen für die Liefernetzwerke mit sich bringen. Die Formulierung der Wertbeitragsziele und der Basisstrategie erfolgt in der Supply-Rahmenstrategie.

Reifegradanalyse Parallel zu diesen beiden Schritten wird die Reifegradanalyse durchgeführt. Sie zeigt die Reife des Einkaufsmanagements und mögliche Verbesserungspotenziale auf. Aufgrund des Basiswissens können erste Prioritäten für die Fortentwicklung des strategischen Einkaufs diskutiert werden. Die Vorgehensweise wird im nächsten Abschnitt vertieft.

Supply-Rahmenstrategie Auf Basis der Wertbeitragsziele und des Strategiebeitrags kann die Rahmenstrategie formuliert werden. Die Reifegradanalyse ist hierbei ein Teil der strategischen Analyse, die aufgrund ihrer Bedeutung (insbesondere auch im Rahmen dieser Veröffentlichung) in der Grafik gesondert ausgewiesen wird. Die strategische Ausrichtung des Einkaufs kann sich gleichermaßen auf Aspekte des Einkaufsmanagements (z. B. Aufbau eines Lieferantenrisikomanagements) wie auf inhaltliche strategische Aspekte (z. B. Intensivierung der Lokalisierungsstrategie in den asiatischen Werken) beziehen. Ergebnis der Strategie sind strategische Stoßrichtungen, strategische Programme und Projekte zur Umsetzung der Strategie sowie Strategietreiber, d. h. Kennzahlen, die den Strategiefortschritt aufzeigen. In diesem Rahmen werden auch strategische Stoßrichtungen und strategische Projekte zur Fortentwicklung des Einkaufsmanagements sowie die Entwicklung des Reifegradscores als Strategietreiber geplant.

Markt-, Lieferanten- und Prozessstrategien Für wesentliche Beschaffungsmärkte (= Materialgruppen), Lieferanten und Prozesse müssen ebenso Strategien abgeleitet werden, die hinreichend integriert mit der Rahmenstrategie sind. Dieser Abstimmprozess ist für die hier diskutierte Fragestellung nicht entscheidend und wird nicht vertieft. Ergebnisse dieser Strategien sind konkrete strategische Projekte und Strategietreiber zum Monitoring der Strategien.

Operativer Einkauf Letztlich müssen die Strategien – zeitversetzt – im operativen Einkauf wirksam werden. Die oben aufgezeigten Wertbeitragsziele können langfristig geplant werden. Durch strategische Projekte können die Voraussetzungen für den Erfolg geschaffen werden. Geerntet – oder auch verwirtschaftet – wird der Erfolg im operativen Einkauf. Um die Wirksamkeit der operativen Einkaufsprozesse zu steuern werden (kleine) Verbesserungsmaßnahmen sowie geeignete Kennzahlen definiert, sogenannte operative Werttreiber. Beispielsweise zeigt die Kennzahl „Anteil verhandeltes Einkaufsvolumen“, ob der Ausschreibungsprozess richtig gelebt wird.

Steuerungslogik insgesamt Zusammengefasst ergibt sich folgende Steuerungslogik im Einkaufsmanagement: Ziel sind die kurz-, mittel- und langfristigen Wertbeitragsziele des Einkaufs. Diese werden definiert und gesteuert. Um die Ziele zu erreichen, werden Strategien, strategische Programme und Projekte sowie operative Verbesserungsmaßnahmen definiert. Diese müssen überwacht und gesteuert werden. Um die Wertbeitragsziele und den Strategiefortschritt zu überwachen, werden zusätzlich entsprechende Strategietreiber und operative Werttreiber definiert und gemessen. Regelmäßig, z. B. einmal im Jahr, werden die Ziel- und Strategieformulierungen im Sinne der Regelkreisorientierung fortgeschrieben oder überarbeitet.

In dieser Logik lässt sich das Reifegradmanagement folgendermaßen verorten: In der jährlichen Runde zur Formulierung oder zur Fortschreibung der Rahmenstrategie ist einer der ersten Schritte, die Reifegradanalyse durchzuführen bzw. zu aktualisieren. Zusammen mit weiteren Ergebnissen der strategischen Analyse gehen die Ergebnisse in die Definition von strategischen Stoßrichtungen ein, entweder direkt als eigenständige Stoßrichtung oder aspekthaft (z. B. Stoßrichtung zur Globalisierung beinhaltet die Entwicklung eines TCO-Tools). Auf dieser Basis können dann Reifegradziele und spezifische Strategietreiber sowie strategische Programme und Projekte definiert werden. Die Steuerung erfolgt in der integrierten Balanced Scorecard der Einkaufsorganisation.

(2) Vorgehen zur Reifegradanalyse
Zur Analyse des Reifegrades werden vielfältige Ansätze diskutiert (vgl. Sommerhoff 2013, 70 ff.). Grundsätzlich ist dabei die Weichenstellung, ob die Reifegradbeurteilung mit einer Selbst – oder mit einer Fremdbewertung erfolgen soll (Bergmann und Heß 2014, S. 33 ff.; Schmelzer und Sesselmann 2013, S. 357 ff.).

Für eine Selbstbewertung durch das Einkaufsmanagement sprechen folgende Argumente:

- Das Ziel der Reifegradanalyse ist die Verbesserung des strategischen Einkaufs. Ein engagiertes Optimieren verlangt nach persönlicher Einsicht, dass ein Handlungsbedarf vorliegt.
- Die Beurteilung wird einfacher, da keine „Tricks“ befürchtet und deshalb keine komplizierten Nachweise der Aussagen eingefordert werden müssen.
- Die oben postulierten Managementprinzipien entsprechen eher dem Vorgehen einer Selbstbewertung.

Für eine Fremdbewertung durch einen externen Auditor oder Assessor sprechen folgende Argumente:

- Bei einer Selbstbewertung fehlt häufig die Kompetenz, die eigene Situation im Vergleich zu Best-Practice-Lösungen einzuschätzen. Häufig fehlt gleichermaßen die Beurteilungspraxis wie auch der Überblick über mögliche Lösungen zur Bewertungsfunktion.

- In den durchgeführten Projekten hat sich der „Bescheidenheitsfaktor" als Problem herausgestellt. Je nach persönlicher Disposition bzw. je nach Firmenkultur neigen Menschen zur Über- bzw. zur Untertreibung. Dies kann zu einem systematischen Fehler führen.
- Sobald persönliche Interessen mitschwingen, können die vorhandenen Interpretationsspielräume weit ausgelegt, ja sogar überschritten werden, so dass die Ehrlichkeit zum Problem wird.

Insgesamt wird eine Selbstbewertung empfohlen, die durch einen Fachexperten begleitet wird. Dieser bringt die Fachkompetenz in die Analyse ein und kann die Firmensituation relativ zu anderen Firmen gut beurteilen. Der Fachexperte kann auch korrigierend auf einen zu extremen Bescheidenheitsfaktor einwirken. Sobald einzelne Beurteilungen zweifelhaft erscheinen, wird er sehr kritisch nachfragen. Am Ende wird allerdings das Management die Entscheidung über die Einstufung treffen. Gegen mangelnde Ehrlichkeit wird auch er in der Regel weitgehend machtlos sein.

Zur Durchführung der Reifegradanalyse haben sich ein- bis zweitägige Workshops bewährt, in denen die einzelnen Bewertungsfunktionen durchgearbeitet werden. Zunächst sollte jeweils die Bewertungsfunktion – soweit erforderlich – kurz erläutert werden. Dann sollte das aktuelle Vorgehen im Unternehmen betrachtet und mit den Orientierungspunkten aus dem Reifegradmodell kritisch hinterfragt werden. Als zentraler Aspekt der Diskussion sollten Verbesserungsideen entwickelt werden. Danach können die einzelnen Bewertungsdimensionen bewertet werden. Die Bewertungsblätter sollten (mindestens) Excel-basiert sein, so dass sich die Reifegradergebnisse automatisch errechnen.

Zur Umsetzung der Reifegradbewertung sind vielfältige technische Aspekte zu beachten, damit sich eine zufriedenstellende Bewertungsqualität ergibt. Beispielsweise ist über den Grad an Bewertungsspielräumen zu entscheiden. Werden nur generische Skalen vorgegeben, die umfangreiche Interpretationsspielräume eröffnen, oder werden sehr spezifische Statements mit wenig Spielraum formuliert? Wie wird die Einheitlichkeit der Bewertung über unterschiedliche Bewerter bzw. auch mehrere Bewertungsperioden hinweg sichergestellt? Ferner sind auch technische Fragen zum Aufbau der Bewertungsformulare, zum Ablauf der Bewertung und der anschließenden Diskussion sowie Dokumentation der Ergebnisse festzulegen (vgl. Deutsches Institut für Normung 2011, insbesondere Teil 2; Wagner und Dürr 2008, S. 76 ff.).

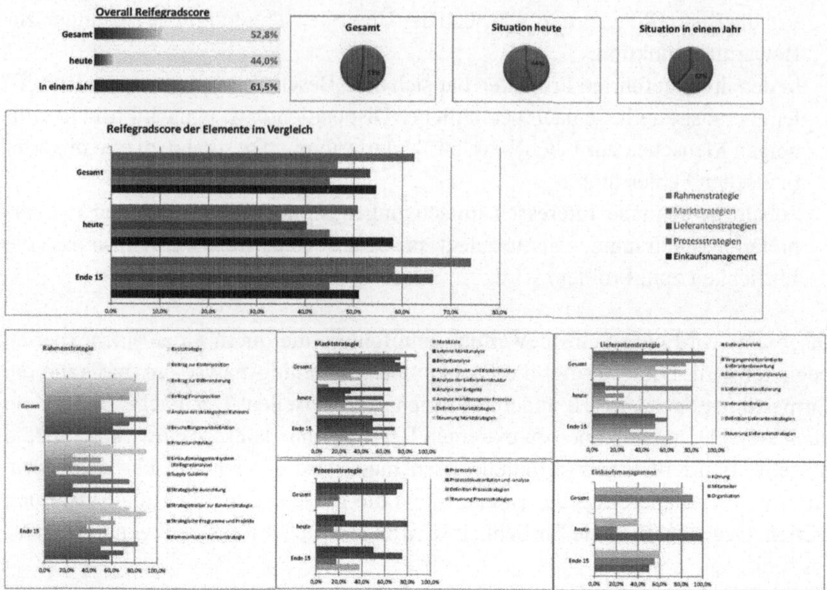

Abb. 6.2 Beispiel einer Reifegradauswertung

(3) Ergebnisse der Reifegradanalyse

Als Ergebnisse der Reifegradanalyse ergeben sich folgende Auswertungen:

- Quantitative Reifegradauswertung wie in Kap. 5 beschrieben. Abbildung 6.2 zeigt die Zusammenfassung mit den Ebenen Bewertungsfunktionen, Bewertungsbereiche und Reifegradscore insgesamt.
- Die Verbesserungsideen werden qualitativ ausgewertet und interpretiert.
- Ggf. wird ein Benchmarkvergleich zwischen Unternehmen oder Unternehmenseinheiten durchgeführt.

Was Sie aus diesem Essential mitnehmen können

Im 15M-Reifegradmanagement wird von der Idee ausgegangen, dass ein exzellentes Einkaufsmanagement die Voraussetzung für hervorragende Einkaufsstrategien und einen nachhaltigen Erfolg im Einkauf darstellt. So zielt das vorgestellte 15M-Reifegradmanagement auf eine schrittweise und nachhaltige Entwicklung des strategischen Einkaufs. Dazu wird basierend auf der 15M-Architektur der Supply-Strategie ein Fachkonzept präsentiert, das die Aufgaben des strategischen Einkaufs in fünf Bewertungsbereiche und 36 Bewertungsfunktionen strukturiert. Mit dem Konzept der Reife wird ein Vorgehen vorgestellt, wie die Reife in den einzelnen Aufgabenfeldern des strategischen Einkaufs beurteilt werden kann. Die Einzelbewertungen werden zu Reifegradscores zusammengefasst, und es kann eine Reifegradstufe zugeordnet werden.

Mit der Reifegradanalyse wird die aktuelle Situation im strategischen Einkauf analysiert und bewertet. Ferner werden Verbesserungsideen identifiziert. Die Ergebnisse fließen in die Formulierung der Supply-Rahmenstrategie ein und werden somit zusammen mit den strategischen Programmen und Projekten sowie mit den Strategietreibern des Einkaufs gesteuert. Das 15M-Reifegradmanagement ist in das Einkaufsmanagement voll integriert.

G. Heß, *Reifegradmanagement im Einkauf,* essentials,
DOI 10.1007/978-3-658-09649-6

Weiterführende Literatur

Bergmann, Martin, Heß, Gerhard (2014): Benchmark Strategischer Einkauf – Reifegradanalyse für Unternehmen und Marktstudie 2014, Nürnberg 2014.

Chrissis, Mary Beth, Konrad, Mike, Shrum, Sandy (2013): CMMI® Version 1.3 für die Entwicklung, München u. a., Addison-Wesley 2013.

Deutsches Institut für Normung (Hrsg.) (2009): Leiten und Lenken für nachhaltigen Erfolg einer Organisation – Ein Qualitätsmanagementansatz (ISO/DIN 9004:2009), Berlin 2009.

Deutsches Institut für Normung (Hrsg.) (2011): Informationstechnik – Prozess-Assessment – (DIN ISO/IEC 15504), Berlin 2011.

EFQM (Hrsg.) (2012): EFQM Excellence Modell, o.O. 2012.

Heß, Gerhard (2011): Supply Performance Management – Den Wertbeitrag im Einkauf steuern, In: Gabath, Christoph (Hrsg.): Innovatives Beschaffungsmanagement – Trends, Herausforderungen, Handlungsansätze, Wiesbaden, Gabler 2011, S. 53–88.

Heß, Gerhard (2010): Supply-Strategien in Einkauf und Beschaffung – Systematischer Ansatz und Praxisfälle, Wiesbaden, Gabler 2. Aufl. 2010.

Kneuper, Ralf (2007): CMMI – Verbesserung von Softwareprozessen mit dem Capability Maturity Model Integration, Heidelberg, dpunkt.verlag 3. Aufl. 2007.

Mettler, Tobias, Rohner, Peter (2009): Situational Maturity Models as Instrumental Artifacts for Organizational Design, in: Proceedings of DESRIST`09.

Neumann, Robert (2007): Organizational Maturity – oder: Wie reif muss eine High-Performance-Organisation sein …? In: Neumann, Robert, Graf, Gerhard (Hrsg.): Management-Konzepte im Praxistest. State of the art, Anwendungen, Erfolgsfaktoren. Wien, Linde 2007, S. 147–177.

Pöppelbuß, Jens, Röglinger, Maximilian (2011): What makes a useful Maturity Model? A Framework of general Design Principles for Maturity Models and its Demonstration in Business Process Management, in: 19th European Conference on Information Systems, Helsinki 2011.

Schiele, Holger (2007): Supply-management maturity, cost savings and purchasing absorptive capacity: Testing the procurement-performance link. In: Journal of purchasing & supply management 13, S. 274–293.

Schmelzer, Herrmann, Sesselmann, Wolfgang (2013): Geschäftsprozessmanagement in der Praxis, München Wien, Carl Hanser 8. Aufl. 2013.

G. Heß, *Reifegradmanagement im Einkauf,* essentials,
DOI 10.1007/978-3-658-09649-6

Schweiger, Jörg (2014): A theory-based perspective on maturity models in purchasing and supply management. In: Thorsten Blecker (Hrsg.): Innovative methods in logistics and supply chain management. Current issues and emerging practices. Berlin, Hamburg, epubli 2014, S. 531–553.

Sommerhoff, Benedikt (2013): EFQM zur Organisationsentwicklung, München, Carl Hanser 2013.

Steinmann, Horst, Schreyögg, Georg, Koch, Jochen (2013): Management – Grundlagen der Unternehmensführung, Wiesbaden, Springer-Gabler 7. Aufl. 2013.

Wagner, Karl, Dürr, Walter (2008): Reifegrad nach ISO/IEC 15504 (Spice) ermitteln, München, Carl Hanser 2008.